和谐校园文化建设读本

# 农商漫话

齐佳楠/编写

吉林教育出版社

**图书在版编目(CIP)数据**

农商漫话 / 齐佳楠编写. — 长春：吉林教育出版社，2012.6（2023.2重印）

（和谐校园文化建设读本）

ISBN 978-7-5383-8935-7

Ⅰ．①农… Ⅱ．①齐… Ⅲ．①农业史－中国－青年读物②农业史－中国－少年读物③商业史－中国－青年读物④商业史－中国－少年读物 Ⅳ．①F329-49②F729-49

中国版本图书馆 CIP 数据核字（2012）第 116058 号

**农商漫话**

NONG-SHANG MANHUA

齐佳楠　编写

**策划编辑** 刘　军　　潘宏竹

**责任编辑** 付晓霞　　　　　　　　　　　**装帧设计** 王洪义

**出版** 吉林教育出版社（长春市同志街 1991 号　邮编 130021）

**发行** 吉林教育出版社

**印刷** 北京一鑫印务有限责任公司

**开本** 710 毫米×1000 毫米　1/16　　**印张** 13　　**字数** 165千字

**版次** 2012 年 6 月第 1 版　　**印次** 2023 年 2 月第 2 次印刷

**书号** ISBN 978-7-5383-8935-7

**定价** 39.80 元

# 编　委　会

主　　编：王世斌

执行主编：王保华

编委会成员：尹英俊　尹曾花　付晓霞
　　　　　　刘　军　刘桂琴　刘　静
　　　　　　张　瑜　庞　博　姜　磊
　　　　　　潘宏竹
　　　　　　（按姓氏笔画排序）

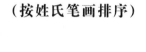

# 总 序

千秋基业，教育为本；源浚流畅，本固枝荣。

什么是校园文化？所谓"文化"是人类所创造的精神财富的总和，如文学、艺术、教育、科学等。而"校园文化"是人类所创造的一切精神财富在校园中的集中体现。"和谐校园文化建设"，贵在和谐，重在建设。

建设和谐的校园文化，就是要改变僵化死板的教学模式，要引导学生走出教室，走进自然，了解社会，感悟人生，逐步读懂人生、自然、社会这三本大书。

深化教育改革，加快教育发展，构建和谐校园文化，"路漫漫其修远兮"，奋斗正未有穷期。和谐校园文化建设的研究课题重大，意义重要，内涵丰富，是教育工作的一个永恒主题。和谐校园文化建设的实施方向正确，重点突出，是教育思想的根本转变和教育运行机制的全面更新。

我们出版的这套《和谐校园文化建设读本》，既有理论上的阐释，又有实践中的总结；既有学科领域的有益探索，又有教学管理方面的经验提炼；既有声情并茂的童年感悟；又有惟妙惟肖的机智幽默；既有古代哲人的至理名言，又有现代大师的谆谆教诲；既有自然科学各个领域的有趣知识；又有社会科学各个方面的启迪与感悟。笔触所及，涵盖了家庭教育、学校教育和社会教育的各个侧面以及教育教学工作的各个环节，全书立意深邃，观念新异，内容翔实，切合实际。

我们深信：广大中小学师生经过不平凡的奋斗历程，必将沐浴着时代的春风，吸吮着改革的甘露，认真地总结过去，正确地审视现在，科学地规划未来，以崭新的姿态向和谐校园文化建设的更高目标迈进。

让和谐校园文化之花灿然怒放！

本书编委会

# 目 录

# 古代市场趣谈

星移斗转,岁月更替,前人留下的有关市场的故事有许多许多。市场,在我国古代称为市井。《全唐诗》有"堤绕门津喧市井,路交村陌混樵渔"的佳句。"市"在《说文解字》中释为"买卖所之也"。"井"的本义是指水井,传说是夏时伯益所发明的。"井"乃为井上栏木的象形字。水井与古代人们的生活息息相关,容易被选为以物易物的场所,《史记·正义》中记载:"古者相聚汲水,有物便卖,因成市,故云市井。"《管子·小匡》亦云:"处商必就市井。"从中不难看出市井就是进行商品交换的场所。后来,"市井"逐渐引申为"街市"等意思,这样一来,作为专门从事买卖的"市井"就顺理成章地被"市场"二字所替代了。

市场由萌芽到发展经历了一个漫长的过程。《周易·系辞下》记载有神农氏之时,"日中为市,致天下之民,聚天下之货,交易而退,各得其所。"说明当时的交易已有了一定的时间和一定的场所,当太阳当顶时,人们便拿着东西从四面八方来到市场,交换各自所需要的东西。这种关于久远的商品交换活动的记叙和描述,表明当时这种活动已趋于经常和固定。

到了周朝,随着生产的不断发展,剩余产品逐渐多起来,可供交换的东西自然也就多起来,"日中为市"已远远不能解决问题,在这种情况下,"朝市"和"夕市"应运而生。《周礼·同市》上说:"朝市,朝时而市,商贾为主;夕市,夕阳而市,贩夫贩妇为主。"可见,在交换时间、交换内容和交换对象上,不放任自流,体现了一定的规律性。在朝市上做生意的大多是较为富有的商人,在夕市上做生意的大多是一般的小商小贩。交换市场由小到大,由自发到有组织的管理,反映了行政上的控制与监督。西周时期,固定的市均设于王城之内或分封诸侯的国都内,不仅在交易时间、地点上做出规定,而且在市场秩序、度量衡、交易契约、交易税以至商品的价格等方面进行调控,体现了加强市场管理的思想。

在《周礼》中记述,管理市场的主管官员有司市、质人、廛(chán)人、泉府等。司市是管理市场的最高长官;质人负责估定物价,检验买卖凭证和契约,统一度量;廛人负责税收、罚款和收购滞销商品;泉府负责赊贷。市场中按照不同行业设"肆"。每二十肆设胥师、贾师各一人;每十肆设司虣(bào)一人;每五肆设司稽一人;每肆设肆长一人。胥师负责查禁和处罚所属各肆商人的欺诈行为;贾师掌管所属各肆的物价;司虣、司稽维持所属地区的市场秩序和稽查盗贼;胥和肆长各尽其职来管理所辖范围。商品进市场或出市场须有通行证,这样可以有效地防止不轨行为的滋生。

古时候,在市场的管理上还有一定的指导原则。对于市场上的短线重要商品,要努力保证货源,以满足供应;对人们有利的商品要使其增多,有害的要加以排除,减少奢侈品的供应。当然,所谓有利和无利或有害和无害的范围界定或衡量标准,完全反映当时统治者的意志和利益。在《礼记·王制》中列数了十多种不准在市场上出售的商品;不准出售"宗庙之器"、祭祀用的"牺牲"、只有贵族才能享用的"锦文珠玉"等,以维护贵族的身份等级和礼制,避免混淆阶级差别;不准在市场上买卖兵器,以防反叛者所获取,危及统治者的地位;不准出售"用器不中度"、"布帛精粗不中数"的商品,以保证产品质量,维护消费者的利益,增强商业信誉;"五谷不时"、"果实不熟"、"木不中伐"、"鱼鳖不中杀"等不准上市出售,以保护生物资源,维持生态平衡,促进生产的发展。

在一天早、中、晚三市交易中,由于受到"看不见的手"的影响,物价管理成为市场管理的一个热点。《周礼·地官》在论述对市场商品的价格进行管理时,揭示出了这样的一个秘密,即凡是官府不予提倡或认为不需要的物品就"抑其价以却之",对官府所需要的和所提倡的物品则

"起其价以征之"，这就反映了利用价格的高低来调节市场上某种商品供应的主张。同时，为了保持一般商品的物价稳定，避免大起大落，还主张商品的价格都要由贾师根据一定的标准来评估、定夺，并由肆长按照价格的高低顺序陈列出本肆所属的商品，价格相近的同类商品排列在一起，做到了"物以类聚"，价格相去甚远的要"隔离"，保持一定的间距，以便于不同社会身份的消费者识别与选购，避免鱼目混珠、坑害顾客。从事经济管理的贾师，要禁止以权谋私、哄抬物价，以维持经济秩序，保持物价稳定。对擅自提高物价和违反质量、规格等规定的人，不能姑息、迁就，而要予以公开警告、游市示众、鞭打以至逮捕法办的处罚。这些管理思想和管理措施，既闪烁着朴素的经济学思想的火花，又揭示了法规在市场管理中的作用，确实不无借鉴意义。

历史的长河川流不息，市场的成长循序渐进。当人们对古代的朝市、日市、夕市有所了解之后，自然要想到夜市。据有关资料记载，随着商品生产和商品交换的进一步发展，商业城市不断走向繁荣，到了唐朝初年就出现了夜市，毫无疑问，它是商品交换发达的产物。当时，在全国的夜市中以长安为最。扬州的夜市在南方是最繁华的。每到夜幕降临的时候，林立的店铺闪烁着灯光，各种各样的纺织品、金属器皿、文化器材、漆品、陶瓷品和糖茶布满了摊床，还时常可以看到卖唱的艺人，听到悦耳的歌声。目睹着一幕幕令人欣喜的热闹景象，来到扬州的诗人王建，不禁诗兴大发，曾挥笔写下了"夜市千灯照碧云"的诗句。

到北宋的时候，市场得到了迅速发展。《清明上河图》对北宋晚期汴京经济生活的各个方面作了详尽而生动的描绘：在熙熙攘攘的人流和舟车之间，有人划船拉纤，有人抬轿驾车，有人沿街设摊……这广阔而细致的画面展示了当时汴京城内商品经济兴旺、市场发达的热闹景象。按照时间划分市场种类，既有日市、夜市、早市，也有季节市、定期市等。这其中尤以夜市为人瞩目。宋太祖赵匡胤于乾德三年（965年）下令开封府："京城夜市至三鼓已来，不得禁止。"自此以后，夜市得到日新月异的发展。其中特别兴盛的，据《东京梦华录》记载，有州桥夜市："夜市北州桥又盛百倍，车马阗拥，不可驻足，都人谓之'里头'。"不论严冬酷暑，还是刮风下雨，夜市都热闹非凡，在夜市的点缀下，汴京成了不夜城。蔡絛在《铁围山丛谈》卷四中形象地说："天下苦蚊蚋（ruì），都城独马行街无蚊蚋。马行街者，京师夜市酒楼极繁盛处也。蚊蚋恶油，而马行人物嘈杂，灯光照天，每至四更鼓罢，故永绝蚊蚋。"从这段描述中对汴京夜市之盛可窥一斑了。夜市营业以饮食为首，这体现了"民以食为天"这句俗语。夜市的品种，应时应季，变换有序，这一方面有效地促进了城市商业的发展，另一方面也给城市居民的生活带来了便利，夜市成为日间市场不可缺少的必要的补充。

市场不同形式的演进，紧紧与商品生产和商品交换的步伐相随。摆脱掉自给自足的自然经济的羁绊，市场的作用就一定会日渐显示出来。古代的市场如此，今天的市场又何尝不是这样呢？

# 商品广告的演变

每当我们在电视荧屏前被匠心独运、风格各异的广告所吸引的时候，每当我们带着热情潜心地品味一则则广告的艺术特色的时候，除了产生某种潜移默化的购买心理之外，是否想追溯商品广告的演变过程或来龙去脉呢？

在不同的国度，商品广告有着不同的履历。泱泱华夏，五千年文明古国，不仅以"礼仪之邦"著称于世，而且在商品经济的发展方面也曾有过辉煌。有商品经济，就要有市场，有市场就要有推销、有广告。商品广告，在我国源远流长，历史悠久。它的产生和发展，始终与社会生产发展和商品流通需要相伴随。在广告档案里，记载着原始的声音广告、实物广告、印刷广告，也记载着今日用科技武装起来的不胜枚举的各种现代化广告。

最原始的商品广告要算是声音广告了。幽幽的巷子，悠悠的担子，悠悠的吆喝，绘制了一幅幅古朴的风情画。"磨剪子嘞，抢——菜——刀……"这熟悉的声音不知传过了多少岁月，这场面也带有几分诗意、几分情趣与和谐。声音广告，主题鲜明，卖什么吆喝什么，给不同的年代涂上了深深的印记。

南宋著名诗人陆游留下这样的诗句："小楼一夜听春雨，深巷明朝卖杏花。"卖杏花是需吆喝的，不然的话谁知道你是在卖杏花呢？叫卖这种原始的广告形式，不受年代的制约，一直被沿用下来。在小商品买卖的过程中，那些坐地设摊或串街走巷的商贩，大多用吆喝声来寻找买主，有的还编成一套套的顺口溜或快板用来叫唱,有的则精明地选用各种发音器响替代口干舌燥的叫买,譬如货郎担的摇鼓、饺百担的竹板、收旧货的摇铃和铜钹、阉猪阉牛的吹羊角和小喇叭等,借助这些器响可以烘托气氛,招引顾客,从而达到推销商品或受雇的目的。

吆喝或借助响器声出售商品,无论在范围上还是效果上,都有一定的局限性,于是又出现了另一种原始的广告形式——旗帜、"望子"或叫幌子,即实物广告。旗帜是一种用布制标帜的实物广告,它的出现可以上溯到公元前 3 世纪《韩非子·外储说右上》一文的记载:"宋人有酤酒者,升概甚平,遇客甚谨,为酒甚美,悬帜甚高,著然不售。"韩非子的文章的写作意图,姑且不去考究,但他证明了酒旗已成为当时或更早流行的广告形式。唐代刘禹锡、杜牧等著名诗人也有"城外春风吹酒旗"、"水村山郭酒旗风"的佳句。实物广告产生的年代虽已久远,但并不被人疏远,它作为广告家族中的一个重要成员而被宠爱。娱乐城前那栩栩如生的幽默人物造型、鞋店外挂着的惹人注目的特制大鞋、剪刀店门前悬着的威风凛凛的特大剪刀模型,不都是以实物广告的形式向南来北往的人们昭示着主人的良苦用心吗?"生意兴隆通四海,财源茂盛达三江"表达了多少生意人的心愿,为此就不能不在商品广告上下一番功夫。

广告就其形式而言,往往各有千秋,利弊相参。实物广告虽免费口舌又惹人注目,但它毕竟只限制在狭小的空间,传播范围难尽人意。"借问酒家何处有,牧童遥指杏花村"的诗句,从一个侧面就反映了酒旗的局限性。因"不看不知道"而悄悄地溜掉了许多难得的发财机会。怎样才能突破空间的限制使广告在广泛的经济生活中纵横驰骋呢?这就要借助一些必要的外在条件,如印刷技术的发明与运用。据有关资料记载,我国最早的印刷广告,是北宋时济南刘家功夫针铺的铜版印刷广告。版上方横刻印着"济南刘家功夫针铺",是商号的牌匾;铜版中间是一个白兔商标,图的左右两旁印着"认门前白兔儿为记";图的下方竖写着 7 行 28 个字:"收买上等钢条,造功夫细针,不误宅院使用,客转为贩,别有加饶。请记白"。招牌、商标、导引、告白都有,这是一篇地地道道的工商业印刷广告,有人推断它很可能是世界上现存的最早的印刷广告。在此之后,不少药铺采用木版、铜版印刷仿单,精细雕刻,煞费苦心,有精美者还使用套色印刷。印刷广告的诞生较之叫卖、"幌子"等广告形式,不能不算是一大进步。

当历史推进到现代的时候,商品广告已成为经济生活中不可缺少的组成部分。广告种类各式各样,形式愈加精美、新颖。在众多的广告群体中,有耸立在道边的路牌广告,有精心构思的橱窗广告,有让人耳目一新的展销广告,有熠熠闪烁的霓虹灯广告,有情节生动、技艺高超的电视广告,还有以报纸、杂志为载体的传播广泛的各类广告。真是叫人目不暇接,感叹不已。广告业堂堂正正地登上大雅之堂,蓬勃地迅速发展起来,这是商品经济发达的表现,是文化与生产力不断解放与进步的产物。

广告是环境文化的符号,广告艺术有探索不完的奥秘。由来已久的广告应以诚实可信为原则,故弄玄虚、言过其实,只会使人疑虑顿生;动辄冠以首创、信口拔高,只能让人退避三舍。首创者,乃物之先河也。倘若某种商品早已在市场上露面,他人只不过是略加扬弃,改头换面,这就不好再称为"首创"了。"假作真时真亦假","首创"多了,正宗的首创恐怕就"踏破铁鞋无觅处"了。以次充好,以劣充优,自古就为人们所鞭笞,推介商品应以不损害消费者利益为准则。不然的话,古而有之的商品广告怎么能承担起为商品生产和商品销售服务的责任呢?

一则广告,一条信息,带来一种希望与需求。通过广告的鸣锣开道,沟通生产者和消费者的关系,为新产品、新技术开辟销路,调节余缺,搞活经济,这是广告的应有功能。如果说广告的昨天令人回味的话,那么,愿今天的各类广告能够更好地发挥这一功能。

# 商人名称及"陶朱事业"的由来

提到商人,人们都不会感到陌生,从提篮叫卖的小商小贩到支配众多公司的富商大贾,不可胜数,司空见惯。在我国凡是从事商品买卖交易活动的人都称为商人,专门组织商品流通的部门自然被称作商业。那么,这种称呼是由何而来的呢?

商,最初是个原始部落的名字,位于今河南商丘的南部,这个部落的始祖契因随大禹治水有功而被封于此。商部落始祖契的第六代孙子王亥,从事牧业又擅长做买卖,他驯牛用于使役,曾赶着牛车到黄河一带从事买卖活动,不料在一个叫有易的部落遭到袭击,无辜被杀戮。他的后裔为了祭祀他,要杀 300 多头牲畜,举行隆重的仪式,从中足可见他在部落中的威信与地位,也可以管窥到他的买卖活动的卓著成就。

到了公元前 16 世纪时,王亥的第四代孙子汤,起兵灭掉了夏朝,在亳(今河南郑州)建都。以后曾多次迁移,最后迁至殷(今河南安阳小屯村),因而商也被称为殷。但商人仍自称为商。殷灭亡以后,周公(姬旦)告诉殷的遗民,要他们继续经商。《尚书·酒诰》中记有"肇牵车牛远服贾,用孝养厥父母"。正由于殷商之人善于经营商业,周人便把从事这种行业的人称为殷商之人——商人。这是在华夏这块土地上称做买卖的人为商人的开始。我国著名的考古学家郭沫若在《十批判书》中指出:"殷人的经商行为无疑已经开始了……大约就因为这样,所以后人称经营这种行为的人便为商人罢。"可见,没有殷商之人的买卖活动恐怕也就没有商人这个称呼了。商人的名称出现之后,他们所从事的行业被称为商业,这恐怕也是天经地义的了。

在我国历史上商业还有一种别称,即陶朱事业。

杰出的史学家司马迁在《史记·货殖列传》中曾记载了这样一段史料，说在春秋末年，楚国的才士范蠡(lí)，辅佐越王勾践，刻苦图强，反败为胜，一度称霸中原。但范蠡认为楚国不愿意看到越国的日渐强盛，勾践也不会长久信任像他那样的根系楚国的越国大夫，因此，在帮助勾践灭亡吴国不久，他就弃官离越，到了一个名为陶的地方，变名易姓为朱公，弃官经商。他在十九年中发了三次大财，即所谓"三致千金"，成为闻名遐迩的富商大贾。子孙们继承了他的事业，财至巨万。后来的人们向往他的经商之术，生财之道，便把范蠡的这番不平凡的事业称之为"陶朱事业"。

据资料记载，"陶"指的是现在的山东定陶县附近，在当时是盛产五谷的富庶地区，且处交通枢纽地带。陶在春秋的末期北接燕、卫，东通齐、鲁，西达秦、晋，南连越楚。由此可推断陶是当时中原货物的集散地，在这里经商，显然占有不可多得的地利，加上经营者的精明筹划、深谋远虑，自会干出一番大的事业来。

范蠡在商业方面的成就，是与他特别注意研究和运用经济发展的规律分不开的，陶朱事业的宏达是以一定的理论为指导的。春秋战国之际，新兴封建生产关系正逐步地建立起来，吴、越等国社会经济发展较快，商人势力不断增强，地位在不断提高，这使得范蠡特别重视谷价和商业问题，提出了一些精辟而卓有建树的主张，主要是谷物平粜(tiào)思想和"积著之理"。

范蠡最早提出了农业经济循环的说法。他认为，农业生产与天时有关，天时变化是有规律的，因此，农业收成的好坏也呈现出一定的规律性。岁在金是穰(ráng)，岁在木是康，岁在火是旱，即每六年有一次丰收，六年有一次平年，每十二年出现一次大饥荒。天时变动与年岁丰歉周而复始地循环着。在范蠡看来，根据这种经济循环规律，人们可以知道"万货之情"，随时了解农业生产和粮食价格的变动情况。他指出，丰年谷价过低则伤害农民，农民受到损害就会影响生产的积极性；荒年谷价太高则对工商不利,工商业不景气,经济就会发生困难。他说:"夫粜,二十病农,九十病末,末病则财不出,农病则草不辟矣。"因此主张把谷价限制在"上不过八十,下不过三十"钱的幅度内,使"农末俱利",这对农商业都有益无损。为此必须要实行平粜政策。他认为市场上物价平稳,货物充足,是治国的好办法,主张封建国家要运用价格政策调节生产和流通,促进生产的发展。在农业居于支配地位和"靠天吃饭"的时代,范蠡注意研究天时变动与年岁丰歉的规律是无可厚非的。虽然他提出的农业生产循环论并没有科学依据,但就他承认社会经济生活存在着一定规律性这一点来说,是不无指导意义的。

范蠡在长期的经商实践中,还提出了商业经营管理的一些原则,这体现在"积著之理"之中。它的主要内容是:"务完物",指生产、经营的商品质量要好。"无息币",指货币资金不要积压,让它川流不息地周转。"论其有余不足,则知贵贱。贵上极则反贱,贱下极则反贵。贵出如粪土,贱取如珠玉"。这就是说商业活动要顺应市场变化,物价下跌时,大力收购;物价上涨时,尽量抛售。他反对过分贪求高价而惜售,使商品在手中停留过久,要加速周转速度,使其行如流水,从而增加商业利润。范蠡还提出了"旱则资舟,水则资车"的"待乏"谋略,即天旱时要预备作船的生意,待旱后有水时出售;涝时要预备作车的生意,待水后天旱时出售。这就是说某种商品当社会还不急需时,可预为收储,以待时机,高价出卖。这些思想都表明范蠡已懂得在供求规律的基础上,利用价格的变动来获取高利,这其中蕴含着深刻的经济思想。

范蠡还十分重视竞争者的素质培养。他提出:"知斗则修备,时用则知物","则万货之情可得而观矣"。这就是说,在市场上角逐的人,既要掌握客观世界有矛盾有斗争的社会规律,以重视修备,又必须能掌握、利用因天时变动的经济规律,即掌握物质资源的情况。若具备了这两个要素,就可以在市场竞争中求得主动、发财致富。"夫人事必将与天地相参,然后乃可以成功",就是说必须先知道"天地之恒制",即先掌握永恒的社会经济规律以指导行动,才"可以有天下之成利",否则,就会"逆于天而不合于人"。范蠡还论述了"时断"与"智断"的连续性与互补性,他说:"时断则循,智断则备,知此二者形于体,万物之情,短长逆顺,可观而已。"所谓"时断"是根据天时变动的规律,"智断"是在选择贸易经营对象时要具备丰富的商品知识,在这些基础上灵活决策,就能在市场竞争中立于不败之地。

范蠡的经济思想和经营之道,不乏真知灼见。正是因为有这种经济头脑,才有了"陶朱事业"的兴旺发达。我们今天搞社会主义市场经济,应继承我国传统管理思想的精华,努力从"陶朱事业"中得到某种有现实意义的启迪。

# 商标家族的兴起

走进琳琅满目的商品市场,选购精美高档的商品,人们总要问一下是否是货真价实的名牌。但是何以鉴别呢?这除了对质地的认证外,恐怕就要细细地看看商标了。商标就是商品的标记。通过它不仅可以区别商品生产者,还可以对商品有一个质量定势。商品没有商标,就如人没有名字一样。商标是提高商品信誉、扩大商品宣传、引发消费者购买兴趣的重要形式。

我国古代社会,商品经济发展步履维艰,物物交换的主要形式导致了商标家族的冷落。宋代是我国历史上商品经济比较发达的时期,商业发达的城市已有40多个,城市内的商业活动打破了唐代以前坊、市界限,商品流通活跃。在这个背景下,宋代商行遍布,开始出现了推销商品的"商标"。

在竞争日益激烈的商品大潮中,鱼龙混杂,伪劣商品难以杜绝。以假乱真的行径,迫使商品生产者特别注意创造具有自己特色的商品标记和商品信誉。据说宋代东京城里靴店的制靴者,都要在靴子衬里放上一张纸条,上面写着由谁制造的字样。如宋话本《勘皮靴单证二郎神》所记:从一只靴子衬里搜出一张上面写有:"宣和三年三月五日铺户任一郎造"字样的纸条来。为了对这一商标负责,任一郎家里特设一本"坐簿",不管是定制的还是带走的,都在"坐簿"上写明。同时,在皮靴里面也有一纸条,字号和坐簿上一样。这样一来,"只消削开这靴,取出纸条儿来看,便知端的"。这用今天的话来讲,可算是维护其商标权利的一种举措了。

标新立异的商标,不仅是一种重要的识别标志,也是商品质量和信誉的象征。在《志诚张主管》这部宋话本中曾写道:张胜没有了过日费用。妈妈让他将屋上挂着的一个包取下来,打开看时,是个花栲栲儿。妈妈对他说:"你如今依先做这道路,习爷的生意,卖些胭脂绒线。"张胜便在门前饶有兴致地"挂着花栲栲为记",这样红红火火地办起了胭脂绒线铺。这里所说的"花栲栲",是一种圆形盛物器具,大多用柳条或竹篾编织而成。之所以用这种圆形盛物器具作商标,是因为张胜的父亲经营有术,在那一方土地上有了一定的影响。

叶梦得在《避暑录话》中讲:北宋时有一种闻名遐迩的上等墨叫"潘谷墨",经过多年的市场检验,创出了牌子。这种墨用料考究,采用当时最为优良的高丽煤烧制墨;在买卖上讲究信誉,从不以次充好。"潘谷墨"被视为名牌商标,不同凡响,内廷收藏它,凡人得到了几丸便如获至宝珍藏起来。这种墨之所以如此受人青睐,恐怕是与名牌效应分不开的。

《梦粱录》中记录了宋代市民所钟情的各种各样的名牌商标。这些商标常常以人名命名。张择端《清明上河图》中店铺的商标,就有"刘家上色沉檀栋香"、"赵太丞家"、"杨家应症"等。在宋代商业中,实物商标也屡屡可见。有的医家因医治好皇帝的疑难病症,就以皇帝赐予的物品为其商标,如临安平防御药家以御赐金杵臼为市招等。这样,既增强了信度,又扩大了知名度,可谓用心精明了。

商标,大大小小,五颜六色,它最初的问世,主要是为了区别商品生产者,因而在形式上也较为简单。随着生产力的发展和商品经济的扩大,商标的形式日趋繁多,我国人民曾创造了许多具有民族特色的商标,如有的商标只用文字,有的只用图像,但更多的恰到好处地把两者兼用,图文并茂。商标的使用方法也有所不同,有的把商标直接压在商品上,但大多数是把商标印在包装上或以标签的形式贴在商品上。

　　商标是商品质量和信誉的化身,在充分发展社会主义市场经济的今天,我们应该创造出更多更好的具有民族特点的商标形式,使之在扩大商品宣传,繁荣社会主义经济,促进现代化建设等方面发挥出应有的功能。

# 贸易货栈一瞥

商品经济的成长需要一系列的条件,其中各种各样的商业组织为商品经济流通网络的形成,起着举足轻重的作用。在众多的商业组织中,人们对贸易货栈想必有一定的印象,它是一种居间性的商业组织,通过开展代购、代销、代运、代储和部分自营业务,可以组织买卖双方直接成交或接受委托,从而扩大物资交流。

贸易货栈在我国具有悠久的历史。早在两千多年前的西汉就已出现了货栈的萌芽。司马迁在《史记·货殖列传》里曾不惜笔墨、饶有兴致地描述了汉兴时期市场的兴盛,同时提到,当时市场上有一种专为购销牲畜的双方说合买卖并提取佣金的经纪人——"驵(zǎng)侩",他们属于居间商人,自汉以后逐渐演变为各种各样的货栈。到了魏晋南北朝时期,一些有经济头脑的中间商人开始设立和经营为客商提供住宿条件、存放和推销货物的"邸店",这种多功能的、规模不等的"邸店",可以视为贸易货栈的最初形式。

隋唐时代,社会经济有了较大的发展,盛唐局面的出现,为商品经济的繁荣提供了适宜而必要的条件。当时长安等大城市,市场周围邸店若雨后春笋,竞相成长,少的有百余处,多的有三四百处,真可谓"四方珍奇,皆所积集",到处都充满着生机勃勃的景象。

唐代以前的邸店从分布上来看,一般都设立在城市内,尤以繁华地带居多。到了宋代,则不囿于这种框架,渐渐地转移到水陆交通便利的码头,这样更适合贸易活动的需要,能够节省不必要的消耗。《都城纪胜·坊院》曾有这样的记载:南宋杭州的富豪官吏,仅在白洋池一带就开设供客商堆积货物的榻坊几十所,每所为屋千余间,小号亦数百间。星罗棋布、错落相间的榻坊,为商人往来和货物集散提供了物质条件,解决了客商棘手的实际困难。由于有便利设施的提供,钱塘江畔与运河两岸船只密集,客旅纷至沓来,络绎不绝,南抵闽粤,北通江淮,西连四川,使得杭州和全国各地的市场像网络一样地沟通起来,辐射相邻的广大地区。

从明代以后,开办邸店这类中间性商业场所,其自主性、随意性受到了限制,有了明确的政策性、约束性。开办者必须经过政府批准,领取许可的执照,才能进行营业,否则,就无权立牌开张。每个邸店还要完成替"官家"监督客商依法纳税的任务,统称为"牙行"。这种货栈,在不同的时代有不同的称谓,到了近代牙行又称牙纪、行纪等。在不同的地区也有不同的叫法,如有的叫"行店",有的叫"八九行"、"南北行"、"平码馆"等等。从规模上来讲,发展较快,资金愈来愈雄厚;从范围上来讲,遍布各地,到处都有其活动的身影。

贸易货栈作为物资流通的一条重要渠道,它的产生具有某种客观性,是商品经济的必然产物。虽然在我国古代,商品经济始终未得到充分的发展,但是贸易货栈存在的意义已为人们所充分地认识。在解放前,我国的各种贸易货栈的发展也是令人瞩目的。据记载,当时仅武汉一市就有货栈1277家。解放后,我国对私营贸易货栈进行了必要的社会主义改造,建立和发展了社会主义贸易货栈,在经营方式和管理手段上较之以往,都有了质和量的变化。贸易货栈纳入了社会主义经济规律的指导之下,以服务于经济建设、造福于广大人民为目的,在信息掌握、联系渠道、交易方式上都有了大的改观。它的发展前景日益广阔,它的明天会更加辉煌。

# 蒙汉"互市"的追溯

每读到古老的民歌"天苍苍，野茫茫，风吹草低见牛羊"的时候，每每被气势磅礴的英雄史诗所感动的时候，每每在民族发展的浩瀚历史中徜徉的时候，我们的眼前常常会出现中华各民族在广袤的土地上劳动、生息、繁衍的画面，情不自禁地要追忆起汉民族与各兄弟民族融合、团结、交往的历史。

在宏大的民族交往篇章中，蕴含着极为丰富的内容，可以多侧面、多角度、多线索地去寻找、追忆。本篇所要介绍的主要是蒙汉互市的故事，尽管它发生在久远的年代，却依旧那样生动、那样难忘。

其实，"蒙汉互市"是"关市"的一个具体体现，它是边关的交易场所。"关市"原意是"关"与"市"的合称。《国语·齐语》说"关市几（稽）而不征"，《周礼·天官·九赋》中有"关市之赋"，秦律中有《关市律》。但后来关市也指关下所设的市。汉代文献中的关市多指后者。这是一种设在边境关口从事内地与边疆少数民族及外国的贸易的市场。

西汉时，对匈奴、南越都设有关市，前者又称"胡市"。对匈奴的贸易系以内地的缯絮、金、钱、米、蘖酒等交换匈奴的牛马、裘革。对南越的贸易系以内地的金银、田器、马牛羊等交换南方的土产和珍宝异物。

关市由政府严格控制，定期定时开放，商人需持政府颁发的符传之类的许可证按规定品种数量进行交易。严禁从事违禁品的买卖，也不许输入禁物，违者罪重至死。擅自出边关走私的也要处死。

关市的开闭与限制往往取决于汉政府对边疆少数民族的政策，常影响到双方关系。汉初吕后曾下令禁止向南越输出金、铁、田器和母畜，引起南越和汉的战争。汉初直至武帝初年，为缓和匈奴的侵扰，亦屡通关市，以满足匈奴的需要，但仍禁止对匈奴输出铁、铁器和兵器。

汉代与边疆少数民族及外国的陆路贸易尽管受到种种限制，但仍相当繁荣。新莽统治时，窦融据河西，姑臧（今甘肃武威）通货羌胡，一日合市多至四次。

章帝元和元年（84年），北匈奴的贵族一次就驱牛马万余头，来武威和汉贾客交易，受到郡县的款待和东汉政府的优厚馈赠。东汉政府还曾长期在上谷宁城（今河北万全）开胡市与鲜卑、乌桓交易。西域方面，也出现"胡商贩客，日款于塞下"的盛况。

以后历代王朝，在边境平安无战事时，都在边关设市，与周边少数民族从事贸易，互通有无。关市有时亦称为"边市"或"马市"。

明朝时在达延汗统一蒙古族以前，蒙古地区因为明朝力图把元朝的残余势力彻底围剿，以及蒙古族各封建主之间各不相让的角逐，"遂使城壁为丘墟，沃壤之区仍为碛碱之地"。

民族经济的发展有先天的局限性，这在客观上促进了蒙古与中原之间的经济联系，他们互通有无，各求所需，相得益彰。但是，元朝倾覆、明朝建立之后，明朝政府在经济上采取了严厉的封锁政策，关闭了一度敞开的贸易大门，欲通过这一措施来割断中原与蒙古族地区的一切经济联系，扼杀蒙古族经济，并以此来作为左右蒙古族政治统治的有效途径。在这样的一种历史背景下，粗放单一的游牧经济步履维艰，难以满足基本的生活需要。面对食无粮、衣无帛等现实的严峻的威胁，蒙古族人民怎么会安于现状、等闲视之呢？

蒙汉人民在历史上所形成的休戚与共的关系是不会被割断的。蒙古族人民为恢复同内地的经济往来，既反对蒙古族封建主的暴敛、掠夺，又反对腐朽而狭隘的明朝政府的封锁政策。他们敢冒天下之大不韪，蔑视封建统治阶级关于禁绝蒙汉关系的一切法令，创造各种条件，想方设法深入中原，与中原人民进行物资交流。由于民心难违、众望难负，因而使交流的市场逐渐走出狭小。明代的朝廷可以借助着行政的强制力，大发淫威，停贡道、"禁官市"，却无法禁绝悄悄进行的"私市"；可以调动腐朽的封建机器，干预经济，禁"潞锅"（铁锅）出口，但却无法禁绝广锅出关，也就是铜锅走出中原的市场。在五花八门的"私市"中，交换形式以物物交换为主，价格由双方协商面议，如一件衣易马一匹、一羊易杂粮数斗、一牛易米豆石余等等。汉族人民在交换中换回了可以役使的牲畜，蒙古族人民在互市中用自己的畜产品换回了生产与生活中所不可缺少的用品。这种交换方式连年延续，约定成俗。到了 16 世纪中叶，这种频频进行的"私市"贸易，在蒙汉毗连的辽阔地区不再鲜为人知，而是家喻户晓的事情，是蒙汉人民经济交往中不可缺少的一个渠道。

伴随着蒙汉人民友好往来的不断加深，反对割裂民族关系的斗争也日益强烈，在这种趋势与事实面前，封建统治者从"抱残守缺"到"移心易虑"，开始逐渐松动和改变他们的政策。蒙古族封建主的代表达延汗和俺答汗想方设法要与明朝政府建立贡市贸易，这冲击了明朝政府的固执与沉默。在明朝的统治者看来，继续封锁"使边臣违禁交通，利归于下"实为不明智的下策，不如许以封贡，以维护边疆秩序的安宁，于是，通贡互市的要求得到了认同。

答应了通贡互市的要求之后，明廷先在辽东地区先后设立马市三处，专与兀良哈蒙古族互市，兀良哈蒙古族用以交换的物品除了畜产品之外，还有木材，物物交换的对象较广。1570 年，俺答汗和明廷终于确定了和平贸易关系，这是蒙汉交流史上的一件大事，揭开了蒙汉关系史的新篇章。1571 年俺答汗被封为"顺义王"后，在蒙汉互市上更加倾注了心血，先后在古老的长城边沿地带设立了 13 处互市场所。这种贸易叫做

"官市"，也称为"马市"，由蒙古族封建主和明朝官方议定时间进行交易，通常每年春秋各举办一次。

具有"塞上明珠"之称的张家口，流光溢彩于北国之脊，它不仅是屏卫京师的镇钥，也是蒙汉贸易的枢纽。每至早春二月"互市"之期，鞑靼各属以部落为单位，云集在张家口堡外逗留等候；明朝内地的客商则由官吏每日统领出堡，双方遇合后，就拉开了贸易活动的序幕。鞑靼各部落按规定的顺序陆续进行。互市时，蒙民以牲畜、皮革、马尾等特产换取中原缎绢、布匹、菽粟、锅釜等生活用品。蒙民待交换的物资，首先要送交本部首领验明，然后由明朝官府"估值定易"。内地客商将如愿以偿地从蒙民那里换来马匹，如宣府驻军需用，就按市场原价一并转售官府；不需用的便领取官发执照，输入内地贩卖，沿途关隘渡口不准留难。因为奉行"务使客商有利，夷价无亏"的贸易政策，宣府张家口堡边外市场日益繁荣。鞑靼各部纷至沓来，各类贾店鳞次栉比，大小街道车水马龙，好一派北国热闹景象。根据宣府、大同、山西（水泉营）三镇市场的统计，俺答汗等蒙古族封建主与明廷的交易，仅马匹一项，1571年初开市时就有七千多匹，以后与日俱增。到了1575年，明廷将易马数限定在三万五千匹以内，但在三年后，仅张家口一市就达三万六千多匹。1582年之后，三镇市场每年都逾五万匹。当时马的交换价格，要借助于绢布来表现，上等马每匹绢八匹，布十二匹；次等半价；下二等，各递减绢、布一匹。互市的兴盛，为明政府增加了一笔不小的财政收入。凡是进入互市区内的物品，不管是"夷马"还是"商货"，都要按规定的惯例交纳一定数目的税银。

在互市期间，为了维持市场秩序，创造安定的环境，蒙古族封建主与明廷，都派兵驻扎，处理贸易纠纷和违禁事件。内地商民若暗地将钢铁、硫黄等禁贩物资入市，一旦被查获，即刻被发遣。蒙古部众若用老瘦羸弱的牲畜或破旧不堪的物品来作交易，查明后一概打回，不予入市。个别顽徒若伺机盗马，一经发现，则严惩不贷。俺答汗为了保证和平互市，严禁其部众人明廷边沿地方去抢掠。有一次，打喇明安部的银定台吉抓了十几个打柴的明朝官兵，俺答汗毫不袒护地按蒙古法罚银定台吉 1000 只羊、207 匹马、3 峰驼，并把这批牲畜和惶恐的官兵送至其所属督抚那里，用实际行动表达了坚守盟约、和好无劫的诚意。

互市，记载着蒙汉贸易的史话，它从"烽火烟绝"中走来，经历了"铁马秋风"的岁月，在蒙汉民族经济往来的历史上着意地写下了难忘而光辉的一页，它将令人在深深的追忆中找到民族交往与团结的深刻的历史基础。

# 民族经济交往断想

**在**我国辽阔的金鸡版图上,生息繁衍着五十六个民族。各民族经济上相互依存、相互补充,在古代就谱写了一首首民族经济交往的篇章。

民族经济的发展离不开赖以生存的自然环境或地理条件。天然水草丰美的地方,往往成为游牧民族的发源地;土壤肥沃的广阔平原,常常哺育了以农业为主的民族。农业民族与游牧民族存在着某种天然的经济联系。这表现在生活资料与生产资料互通有无的频繁交往上。乳肉为食,皮毛为衣,挡不住对粮食、纺织品、金属工具、茶、酒等物品的需求;茵茵的天然草场来自自然的恩赐,离不开种植业的必要辅助。尽管自战国以来,农业民族和游牧民族出现了分隔的趋势,尽管不同的经济区域各自一度片面发展,导致生产结构倾斜,但经济融合与互补的行为相沿成习、从未割断。

谈及农业民族与游牧民族经济上的依存与互补关系,例证不计其数。在这里先就汉藏民族间经济上的相互依存关系作一下历史的描述。汉藏民族的往来史不绝书,经济的互补突出地表现在茶马市上。唐代,政府即设市以缯帛、茶叶和其他物产,换来吐蕃的战马。茶叶输入藏区之后,深受藏族同胞的青睐。《明史·食货志》中讲:"番人食乳酪,不得茶则困以病。"《天下郡国利病书》卷65载王廷相语云:"茶之为物,西戎吐蕃古今皆仰给之,以其腥肉之物,非茶不消;青稞之热,非茶不解。"可见,茶已成为藏族生活的必需品。但藏族地区是不产茶叶的,因此只有靠内地来源源地提供。当然,经济上的互补是双向的,内地所需要的马匹,也可以从藏区得到一部分。大规模的茶马互市始于北宋,当时以川茶换取藏马,商人的买卖活动畅通无阻。神宗时,由于北方的契丹禁止马匹输入内地,王安石兴马政,政府每年用茶叶换回4000匹藏马。南宋偏安一隅,铁马秋风的年代战马的需求日增,鉴于财政匮乏的困扰,也欲借茶马贸易进行榨取,因此茶马贸易得到了关注与加强。据记载,从建炎四年(1130年)至嘉泰四年(1204年),每年仅用川茶换取的藏马就在10000匹以上,建炎四年已逾20000匹。到了元蒙帝国的时候,蒙汉贸易虽减少了对藏区的马匹依赖,但藏族对茶叶等物品的需求未曾中断,茶叶买卖在政府的控制下依旧有序地进行。至明代,茶马贸易又再度兴盛起来,洪武十年(1377年),茶马司曾用茶叶50万斤换到13800匹藏马。经济上的交流与互补,不仅体现了一种相互依存的关系,同时,也加深了藏族与汉民族之间深厚的友情。

　　游牧民族不仅与农业民族之间存在着经济上的你中有我、我中有你的关系,而且他们之间的千丝万缕的互补关系也既显而易见又由来已久。《辽史·食货志》中记载,女真人常以金、帛、布、蜜、蜡、药材等与契丹人贸易,契丹族的商人经常不辞辛苦辗转到女真地区,从事买卖活动。东北与北方边境的铁离、靺鞨、于厥等部落,常以青鼠、貂鼠、牛、羊、马、骆驼等和契丹进行自由贸易,以调节余缺,扩大交流。契丹统治者与吐蕃、西夏等统治者之间有着和亲关系,这在民族交往方面起到了纽带的作用,从而也架通了民族间经济往来的桥梁。当时西夏向契丹进贡的物品有马、骆驼、锦绮、沙狐皮、兔等,契丹回赐的物品是马具、散马、弓箭、酒、果等。这种循回往复的贡赐,大多表现为土特产品的互通,而西夏的使节还常常在沿途充当起商人的角色,自由贸易,这种习以为常的行为无疑会推动民族间的商业交往。

　　游牧民族之间存在着经济上的互补,农业民族之间在经济上也不无这种关系。岭南越族地区先秦时期主要经营原始农耕与采集，生产封闭，刀耕火种。秦统一之后，随着移民的迁往，中原较先进的农业、手工业技术日渐南进，进而把岭南与内地连结在一起。岭南地区丰富的土特产品也不断传入江南和中原，如桂、槟榔、荔枝、龙眼、香蕉、象牙、玳瑁、珠玑等。秦汉时期，番禺（今广州）便成为岭南与内地交流商品的中心，商客云集，车水马龙，一片繁华。

居住在海南岛上的黎族，与汉族之间的联系也十分密切。自汉代在此设立郡县后，汉族大量迁入，把先进的生产工具与技术传播过来，同时也输出了岛上的一些特产，长此以往，加深了这个岛屿与中原地区的联系。到宋代时，黎汉民族的经济交流更深入、频繁，彼此相互学习，相互借鉴。黎族兄弟从汉族那里学到了耕耨灌溉法，汉区从黎区那里取来了植棉和棉纺织技术的经验。民族间默契交往，相得益彰。据史书所述："黎人……盐、酪、谷、帛、斤斧器用，悉资之华人（汉人），特以沉香、吉贝易之耳。"《海南岛志》记载："黎人……尤嗜吸烟丝，又无问男女老少。"烟草大多要靠汉区来提供。"烟丝多购自汉人，亦间有自种烟草，摘干叶食者。"黎汉贸易已成为沟通民族经济的主渠道。在黎汉友好交往的史册上，镌刻着一个普通百姓的名字——黄道婆，宋朝末年，她离乡背井流落到海南岛，悉心学习棉纺织技术，全力以赴，孜孜不倦，四十年后重返故里，不遗余力，广泛传播，融棉纺技术与丝织技术于一体，生产出了精美无比的棉织品，畅销全国各地，备受人们喜爱。我国棉纺技术的发展史上，凝结着黎汉两族人民的智慧，传颂着民族间至真至善的友谊。

多民族的大家庭，编织了丰富动人的故事。纵有千万支笔也难以尽述。透过民族交往的史实，我们不难看出，作为凝聚核心的主体民族即汉民族，与兄弟民族和睦相处，形成了一个较为稳定的民族集合体。古代民族经济的区域性发展，造就了中华民族的多元特色，各民族之间经济上的依存与互补，产生了民族间相互吸引与结合的巨大磁力，它推动着各民族兄弟在经济领域奏出了一曲曲真挚、朴实、难忘的乐章。这乐章至今仍在回荡着、续奏着……

# 饮誉世界的丝绸之路

3 世纪时,古罗马有一位叫保萨尼亚斯的学者曾讲过:丝是一种好像金龟子一样但比之大两倍的小动物体中取出来的。赛里斯人(指中国人)把它们养四年,喂它们吃小米,然后从它们的残骸中取出丝。这种贻笑大方的说法虽属无稽之谈,但却表明起码在 3 世纪时西方尚不知丝的秘密。

我国是世界上最早养蚕缫丝的国家。早在商周时期,就能织出精美的丝绸和彩锦。到西汉时,织造水平大大提高。当时在首都长安设有东西织室,集中大量的优秀工人,专门为皇室家族生产高级绫绢;民间的纺织业,在革新工艺的过程中方兴未艾、竞放异彩。

丝绸走出国门是与汉武帝时张骞开通西域紧紧相关的。公元前138年和公元前119年,张骞两次出使西域,以惊人的毅力和勇气闯过了重重险阻、道道难关,促进了中国人民与西方各地人民的友谊。由于张骞是我国历史上第一个由政府派遣,冒着较大危险出使西域的使者,因而史称张骞的事业为"凿空"。张骞之后,在长安形成了出使西方各地的热潮,许多人争相前往,"使者相望于道"。我国的丝绸络绎不绝地运往西方各国,备受欧亚各国人民的青睐。故此,人们将自我国长安以西,经甘肃河西走廊、今新疆境内,再经今伊朗和两河流域直抵欧洲的东西交通贸易的通道,称为丝绸之路。这是古代历史上最长的一条国际性贸易通道。

为了保护丝绸之路和统一组织防卫体系,汉收复河西走廊后,就把秦长城加以整修,沿线开荒屯田,从今内蒙古自治区伊克昭盟北部黄河南岸，一直到甘肃永登县西北。设置了酒泉、武威二郡，把长城从令居（今甘肃永登县西北）向西延伸到酒泉。公元前108年，又把长城西延至玉门关。玉门关位于敦煌以西150里，它的东南部还有阳关。两关所在地是小片的绿洲，这里成为当时东西交通的必由之路。

汉宣帝初年，将军郑吉奉命守护丝绸之路在新疆境内的南道各地。打通北道后，汉王朝又任命他兼护北道各地，因而称为"都护"。这是汉朝廷设在当地维持地方秩序，保护交通安全的最高军政长官，也是中国历史上最早出现的"都护"名称。

在我国历史上，对开发西域、保护丝绸之路畅通作出重要贡献的，除了张骞之外，要数著名的西域旅行家和外事活动家班超。西汉末期，朝政腐败，王莽篡位，匈奴又乘机侵扰西域，"丝绸之路"被切断，中外经济文化交流中止了。东汉明帝末年，社会生产得到恢复和发展，于是又开始了反击匈奴的战斗。班超就是在这种时代背景下登上了西域的历史舞台。

73年，东汉派窦固大败北匈奴，控制北道。但南道诸国仍为北匈奴所役属。为了打通南道，恢复与西域各国的联系，汉朝派班超担当联络南疆各地的任务，以割断匈奴右臂。此时，西域各部在匈奴使者"监护"下，深受压榨，皆愿"内属"。班超带吏士36人，首先到达鄯善，出奇计击杀匈奴使者，使鄯善王内附，又到于阗，斩杀受匈奴驱使的神巫。经过艰苦斗争，匈奴在南疆的势力基本上被驱逐出去，中断50余年的汉同西域交通又得到恢复。75年，汉章帝即位，朝廷考虑到班超的艰难处境，准许他撤退，可西域各部却苦苦挽留。在于阗，甚至有人互抱班超马脚，不肯放行。有远见、有抱负的班超看到西域各部反对匈奴、亲附汉廷的强烈愿望，便决定留居西域。他在当地人民的支持下，稳定了局势，恢复了南道，实现了汉朝对西域的统一。从此，西域地区和中原地区的经济文化联系更加紧密,通往西亚各国的丝绸之路,重新畅通起来。

到了唐代,东西商业贸易空前兴盛,走丝绸之路的人更多了。为了保证丝绸之路的畅通无阻,唐代从河西走廊的凉州(今甘肃武威)起,直到天山南北各条大道上,在凡是称为军、镇、城、守捉的地方,都驻有军队。各地驻军有事做事,无事屯田,既保护了商旅的安全,又开发了土地,生产了粮食。这些驻军加上各种官吏、后勤人员、家属和当地居民,经过年复一年的生息、繁衍、发展,渐渐形成了散落在丝绸之路上的许多繁荣城市和富庶地区。唐代著名随军诗人岑参有"梁(凉)州七里十万家,胡儿半解弹琵琶"的诗句。

西域与内地的经济联系不可分割,这是在生产资料和生活资料供求上的相互依赖关系的反映。尤其对曾一度"随畜逐水草,不田作"的西域来说这种依赖更大。仅就回纥而言,不只经常有成千的贡使、商贩往来,并常有成千人留在长安和行商全国各地。光是"贡"、"赐"一项,每次运来的内地的马匹就常达几千几万匹,还有香料、药品、玉石、皮毛等物,每次从内地运回的产品都是几千驼载,绸绢即达 10 万匹。

唐代的遥遥丝绸之路上,中外商旅相继不绝,盛况空前。唐张籍《凉州词》中写道:"边城暮雨燕飞低,芦笋初生渐欲齐。无数铃声遥过碛,应驮白练到安西。"这就生动地描绘出了当年运输丝绸的大队骆驼,在丝绸之路穿行的情景。

饮誉世界、蜚声中外的丝绸之路,在驼铃声里播种了深深的友谊,在变迁中编织了动人的故事。多少人一直为之而称颂,多少人由此"发思古之幽情"。当历史的长河流到宋代的时候,我国的海上交通已非常发达,但仍有不少人往来于这条著名的路线。元代初年意大利人马可·波罗来中国和元朝大臣耶律楚材等出使西方各国、明代陈诚出使哈烈(今阿富汗西部的赫拉替),走的都是这条古道。许多外国人像中国人一样,至今仍对丝绸之路保留着美好的回忆。如土耳其朋友曾说过,历史名城伊斯坦布尔(即唐代东罗马帝国的首都君士坦丁堡)是古代丝绸之路东来的起点,并指出伊斯坦布尔东南200余里的布尔萨城,由于最早从中国传入蚕桑,盛产丝绸,因而又名丝绸城。

丝绸之路这条令人难以忘怀的古道,传播了中国昨天的文明,也将激励后人在改革开放的大环境下,去开拓更长、更阔、更新的路。

# 应运而生的"交子"

中国是纸币的故乡。世界上最早使用纸币的是中国人。我国钱币学家公认的纸币，是北宋初年四川发行的"交子"票。"交子"是四川方言，交者，相交相会也，子是语尾音，至今四川人还把纸币叫"票子"。

今天的四川在北宋时期称为益州。为什么纸币在那里孕育和诞生呢？原因在于当时益州缺铜，用铁铸钱，不仅笨重，而且币值小，铁钱价格只有铜钱的十分之一。据有关史料记载："小钱每十贯重六十五斤"，"三五贯文，即难以携持"。这并无夸张之处，我们不妨计算一下。每贯是 6.5 斤，五贯已达 32.5 斤了。若"市罗一匹，为钱二万"（二万就是 20贯），那么，卖一匹罗，要收 130 斤的铁钱，靠人力手提肩背恐怕难以承受，只好要借助车拉或马驮了。这怎么能不令人望而生畏呢？怎么能不阻碍商品频繁地流通呢？

铁钱在流通中所暴露出来的弱点越来越明显，如何克服这一弱点，寻找新的商品交换的媒介，可以说是一个重大的课题。四川的商人集思广益，经过探索与实践，便制造一种纸币，持票人随时可以到指定地点兑换银两或铁钱。这种纸币是用楮树皮造的绵纸印制的，结实如绸，印制精美，票子两面皆有印章、密码和花押，以防伪造。曾巩说："蜀人以铁钱重，私为券，谓之交子，以便贸易。"引人注目的是，由于我国的造纸法和印刷术当时在世界上有口皆碑、遥遥领先，因而"交子"票也沾了光，在设计、制作方面表现出了精湛的艺术水平。票面上印有金鸡、金花、游龙走凤、人物故事，如尧舜垂衣治天下，孟子见梁惠王之类，这些都与当时的话本小说、说书艺术相通，更为奇妙、令人赞誉的是，钞票采用了红蓝黑三色彩印。

"交子"票问世,堪称世界货币史上划时代的事件。应当看到,交子的产生与当时信用关系的一定发展密切相关。交子是纸币,也是一种信用票据、信用兑换券。铁钱持有者因感到携带铁钱不便,就将铁钱交给交子发行者,在预先印好的交子票据上填写钱数,划上密押,这种交子就可在市面上流通,也可以随时兑换,可见,交子实际上是一种票据。假若社会上没有一定的信用关系存在,恐怕也是不会出现的。

通过考察信用的演变过程,我们知道,早在唐朝中叶就出现了一种名叫飞钱的信用票据,它是一种汇款票据,也是我国最早的汇兑制度,这种汇兑业务在宋代继续存在。汇兑业务的主要特点是持券人在一地交款后在他地取款;而交子则是在一定地区流通的票据,随时可以兑现。因此,若说汇票是在"异地"取款的话,交子则是"异时"取款,两者都是信用票据家族的成员。从飞钱到交子可以说是一脉相承的。交子的诞生,直接原因在于铁钱使用的局限性,而唐宋以来商品货币经济的发展,尤其是信用制度的发展则起到了不可低估的助推作用。

现在,每每提及纸币寻根的话题,人们自然就要想到交子。考究北宋四川交子制度及其流通,一般把它分为两个时期,一个是天圣元年以前的私人发行时期,一个是天圣元年之后的官交子时期。

交子最初是由民间的一些小的商家私自发行的,没有统一的形制,渠道比较零散,近似于普通的收据。这种交子盖有商号的印记并有密押,根据拿来铁钱数目的多少,可临时填写金额。铁钱持有者可以拿铁钱到发行交子的商号换取交子,然后再进入流通领域,这样就减少了许多麻烦。任何交子的主人,都有权拿交子到发行交子的商号兑换铸币。可见,交子实际上是铁钱价值的符号,它起着纸币的作用。到了十几家大的富商主办时,交子就有了统一的形制。主办交子的商家,是由政府批准的,称为交子铺或交子户。这些人"连保作交子",对政府负有一定的义务,每年要为官府交纳一定的费用。交子发行之后,随时可以兑现。但兑现要收一定的手续费。《宋朝事实》中有"如将交子要取见钱,每贯割落三十文为利"的记载,意思是说,每兑换一贯要收费30文。交子的发行量也有淡季和旺季,一年中每至丝、蚕、米、麦将上市时,商民的需求量就会增大。由富商经营交子只是一个阶段的历史经济现象,后来因为10多家富商"广置邸店、屋宇、园田、宝货"而日渐衰落下来,资金缺乏,发生亏损,到头来危及了交子的信用,各富商之间又明争暗斗,各不相让,导致了最后只好收归官府经办。

官府经办交子,据有关资料记载是始于仁宗天圣元年即1023年。天圣二年正式发行了官交子。官交子的发展步骤大体是:先命令私人交子铺终止发行交子,并把已经发行的交子完全兑换成现钱,然后一概发行官交子。其程序大致是,根据持现钱人的委托,将携来的现钱进行调换,把钱数写到交子票据上,这个票据就是官交子,是由官府发给的,这种官交子同样可以随时兑换现钱,当然也要按惯例每贯收取30文的手续费。

官交子的发行限额和流通期限都有较为明确的规定。交子流通的期限一般是2年或3年,到期旧交子要调换成新交子。做这样的规定,对于封建政府来说,可以收取不小数目的"纸墨费"。据《朝野杂记》的记述,天圣年间对纸墨费有这样的规定:"自天圣立川交子法,每再岁一易,人户输纸墨费三十钱。"这是一笔可观的收入。交子在收归官府经办后,实际上已成为封建政府应付财政支出、聚敛财富的工具。

客观地讲,官交子制度最初的实施并不是为了搜刮民脂民膏,而是在当时的具体历史条件下适应经济发展需要的产物。它满足了商业及民间周转支付之所需,对促进经济增长和国泰民安,起到了一定的积极作用。令人遗憾的是,后来宋朝政府利用官交子充当了弥补财政支出的角色。对西北用兵之后,官交子被用来弥补财政支出,在不置准备金的情况下,大肆增发,使交子流通到四川以外地区并不断贬值。到宋神宗的时候,四川交子的兑界制度就已失去了运作,出现通货膨胀的迹象。后来交子日益泛滥,币值不断下跌,到南宋之时,伴随着贬值程度的剧增而趋于崩溃。

交子作为中国最早出现的纸币，它的名字被深深地印刻在货币发展的史册上。探讨交子的产生及其流通过程，可以加深对纸币的本质及其流通规律的认识。马克思在研究纸币问题时曾作了这样的揭示："纸币是金的符号或货币的符号。……纸币只有代表金量（金属同其他一切商品量一样也是价值量），才成为价值符号"，"纸币流通的规律只能从纸币是金的代表这种关系中产生。这一规律简单说来就是，纸币的发行限于它象征地代表的金（或银）的实际流通的数量。"北宋时产生的纸币交子，它也是一种货币符号，就其本身而言也没有价值，只是在实际流通中充当了铁钱价值的替身。它的发行与流通应与实际商品流通中所需要的铁钱数量相吻合。违背这一经济规律，一味地印制，就必然引起贬值，导致通货膨胀。这一深刻的历史教训，需要后世人铭记。

　　交子并非是我国货币史上的一枝昙花，回顾它的发行和流通概况，将深深地感到马克思所揭示的纸币流通规律的正确性。交子的应运而生，堪为世界货币史上的一个大事件，它顺应了经济发展的要求，方便了循环往复的买卖行为，促进了市场的兴盛与繁荣，留给了后人以深刻的启迪。到了元朝，国家把纸币作为当时合法的货币发行，使我国成为世界上第一个实行纸币流通的国家。

# 中国货币史上的首次大震荡

如果说货币发展的脚步是一部内容丰富、深邃的史话，那么，货币改革将是不容忽视的引人探讨的一页。且不说方块字中"同财货沾边的都带一个'贝'字"的秘密，也不论秦皇在政治舞台上的千秋功罪，在这里我们要追寻的是秦币制改革在中国历史上留下的深刻印记，因为它是中国货币史上的首次重大变革。

货币充满着魔力，它的出现是社会生产力发展到一定阶段的产物，同时它又随着社会生产力的发展而有序地演进。春秋战国时期，物物交换的范围大大缩小，《诗经》中描述的"抱布贸丝"的景象日趋减少，金属货币在交换中频繁地起着媒介作用，凭借它，可以和其他一切商品相交换，获得所需之物。但是，纵观当时各地经济发展状况，可以用极不平衡来表述。诸侯国各踞一方，均自行铸币，货币的地域性差别十分明显，各种各样的货币呈现出不同的形状，在大小轻重、制造工艺水平和计算单位上大相径庭。

在当时的"货币家族"中，最奇异的一幅图景是砍刀、铲子的形态加入其中。邮电部曾发行过这样两张古代货币邮票。一张上边印着一把青铜刀，有刀尖，有带圆孔的柄，刀面上铸着三个古字"齐法化"。这是我国战国时代齐国刀币的原型。另一张邮票上印着一件古董，上面有四个古字"安邑二釿"，形状很像一条短裤，圆裆，带胸兜。它是战国时代的一种青铜"布币"。既是货币，为什么还称之为"布"呢？"布者，镈也"，两个字音近通假。镈是锄地薅草的农具。邮票上的"安邑二釿"布币，是春秋战国时魏国的货币，重 29 克。

由于货币的差异很大,阻碍了货币流通和商品经济的发展。秦始皇统一六国之后,为了使国家统一向各地征收赋税,为了便利各地区之间的商品经济交流,为了促进经济的发展和统一政权的巩固,审时度势,出台了统一货币的措施。前221年,废除了六国货币,把货币分为二等,以黄金为上币,以镒为单位;圆形方孔铜钱为下币,以半两为单位。这种铜钱外圆内方,叫方圆钱。它的形制后来为历代铜钱所采用,一直沿袭到清末光绪年间用机制铜元代替它为止,前后绵延两千多年。

关于铜钱的形状有许多推想,人们不禁要问:为什么要把铜钱铸成方孔,不铸成圆孔,或者根本不要孔,像西方的铜币一样呢?这个奥秘的猜测说法不一。有的钱币学家认为,这是由于始皇帝相信方士的"天圆地方"之说。尽管方孔钱不一定反映古代天文观念,但是,在方孔钱上却反映或昭示着某种天文现象。秦半两的币文都用小篆,堪称书法艺术的珍品,从某种侧面表现着中华的货币文化。

秦朝统一货币的情况,史书的记载不尽相同,既有多数人认可的币分二等之说,也有秦币制为三等的主张,这些虽有所分歧,但并不影响我们对秦币制改革意义的评价。秦朝最终完成统一货币是前210年。在统一货币的过程中,不仅对货币的形、质、量有明确规定,而且对铸钱权做了申明,严禁私人铸钱。据《云梦秦简释文》[爱]书:"某里士五(伍)甲、乙缚诣男子丙、丁及新钱百一十钱,容[通"熔"]二合,告曰:'丙盗铸此钱,丁佐铸。甲、乙捕索其室而得此钱,容[通"熔"],来诣之'。"从这段文字记载中,我们可以推知,在秦朝私人盗铸钱币是违法的。

秦朝在统一了币制之后,没经历多久就被揭竿而起的农民起义颠覆了,因而当时币制改革的史料记载匮缺,这不能不说是一个遗憾。秦虽灭了六国,但行暴政也摆脱不了自己灭亡的命运,它的局限性不言而喻,然其统一货币之举,应得到充分的肯定。它是华夏历史上第一次在全国范围内统一币制,意义十分重大。它克服了以往货币种类繁多所造成的换算上的困难,促进了全国各地区之间的商品交换和经济往来,既有利于封建国家的赋税征收,也为商品经济的发展提供了便利条件,加速了辽阔疆域内经济共同体的形成。

# 货币史上的黄金白银

黄金在世界范围内承担着货币的职能,经历了一个漫长的历史演变过程。直至今天,它仍是金融领域不可缺少的重要部分。中国历史上,自从金银被发现并使用以来,也一直被作为财富储存和流通。中国是世界上最早铸造金币的国家之一,随着历史发展,称量货币过渡为金属铸币,金银币原值与面额逐步分离。

秦汉时期的黄金货币演变,大致经历了三个阶段:秦始皇统一六国后将黄金正式宣布为法定货币;西汉时期黄金货币的大量使用;东汉时期黄金货币"突然消失"。

春秋战国时期,唯一以黄金作为流通货币的国家是楚国。在此之前,虽然有关于黄金作为交换的文献记载,但要把一定量的黄金铸成一定的形状,并印上一定的文字标记,则是从楚国开始的。楚地盛产黄金,因此所铸的"爰金"是我国最早的黄金货币。秦始皇统一六国后,正式宣布黄金为法定货币。"秦兼天下,币为二等。黄金以镒为名,上币",于是黄金货币便在全国流通。建国以来,在陕西兴平念流寨出土秦代金饼 1枚,含金量达 99%,径 5.1 厘米,重量 260 克,底刻"寅"字;以后又在陕西临潼武家屯窖藏出土秦汉金饼 8 枚,其中原编号 96 的 1 枚重量 253.5克,刻有"益两半"三字。很显然,这里的"益"与秦朝"黄金以镒为名"的"镒"相通。镒与两,都是秦朝的货币计量单位,陕西地区秦国金饼的出土,说明黄金货币不仅在楚国通行,在其他地区也有黄金货币在流通。

如果说,由于秦朝二世而亡,因而出土的黄金货币很少,那么到了汉代,黄金货币出土的数量与范围就相当可观。根据近年来载诸报刊的考古出土资料进行初步统计,汉代的黄金货币出土的报导共有 26 处,遍及

14 个省市。具体地点是:陕西省:西安、咸阳、兴平、临潼;河南省:洛阳、荥阳、郑州、扶沟;河北省:满城、定县、邯郸;湖南省:长沙、湘乡;湖北省:宜昌;北京市:怀柔;广西壮族自治区:合浦、贵县;广东省:德庆;山西省:太原;辽宁省:大连、新金;安徽省:寿县;江苏省:赣榆、铜山;浙江省:杭州;山东省:即墨。由上出土资料说明,汉代黄金货币流通范围已远远超出战国时期楚国的领域而遍及全国。

汉代的黄金货币与楚国的"爰金"有所不同。楚国的爰金形状大致分为两种:一种是饼状,如 1982 年在江苏盱眙南窑庄有 25 块金饼出土,四周上翘,中端微凹;另一种是版状,版有三式,即平面呈长方形、平面呈长方微弧、平面呈龟版状凹弧边四角形而边角上翘。版的正面打上若干方印或圆印,印内有地名文字。郢是楚国的国都,因此郢爰出土的数量最多。楚国的黄金,虽具有一定的形状,但仍处于称量货币的阶段。楚墓中经常有天平与砝码出土,即是明证。汉代的黄金货币,由于统一王朝的建立,楚国的黄金货币特色也随之消失。西汉的黄金货币大多是饼块形状,大小不等。1968 年河北满城一号汉墓出土金饼 40 块,呈不规则圆饼形,厚缘,中心内凹,背面粗糙。在满城二号坟墓出土的 29 块金饼中,含金量为 95%,共计 438.15 克,平均每块只有 15.11 克,比满城一号墓出土的金饼每块少 2.88 克。值得注意的是,满城二号墓出土的不规则饼状,周缘留有切割的痕迹,有的经过锤打。很显然,这种饼块状的黄金货币,根据交易的需要,可以任意切割,仍处在比较原始的称量货币阶段。河北满城汉墓,系汉景帝之子中山靖王刘胜之墓,从中出土的黄金货币当为汉初的黄金货币,具有一定的代表性。汉初法令规定,黄金以斤为计算单位,但河北满城出土的黄金货币都在一两(15.62 克)左右,这可能与汉初经济凋蔽,黄金货币流通量较小有关。到了汉武帝太始二年(公元前 95 年)时,黄金货币有了比较固定的形制。建国以来,汉代的马蹄金、麟趾金以及相似的金饼屡有出土。这些黄金货币具有以下几个特点:

饼块状黄金货币,已具有相对的固定重量。根据近年考古出土的黄金货币统计,饼块状黄金货币大小不一、厚薄不等,重量各有差异,其中最重的达462.2克,最轻的只有207.57克。但是,从总体来看,当时的黄金货币,重量大致在250克左右。如山西太原东太堡、湖南长沙杨家大山、广西合浦西汉木椁墓、河北易县西干坻与满城贾庄、辽宁新金县花儿山张店等出土的金饼,重量也大致250克左右。这与汉代黄金货币以斤为计算单位是相一致的。汉代金饼,大多刻有各种文字或记号。例如1963年在太原东太堡出土的6块金饼,其中原编号34的1块金饼刻有18字,有"令"、"吉"以及数字等。有的金饼,不但刻有各种记号,而且还刻有重量,如陕西咸阳毛王沟出土重284.095克金饼,底刻"斤一两廿三铢";另一块重244.34克的金饼,底刻"十五两十铢"的字样。

汉代的黄金货币,虽然以斤为计算单位,但也可剪凿分散使用。从出土的汉代金饼来看,虽然地域较广,但数量较少。汉代的黄金是政府规定的法定货币。秦始皇统一货币时明确规定"珠玉龟贝银锡之属为器饰宝藏,不为币",而黄金则为"上币"。汉承秦制,黄金货币使用的地域几乎遍及全国。在考古出土的黄金货币中,如河南扶沟县、西安汉上林苑、江苏盱眙南窑庄、辽宁新金县等地出土的黄金货币,都有刻记发现。

汉代的黄金货币由于处在货币发展史中的物品货币阶段,因而与处于金属铸币阶段的铜钱,产生了许多不协调的关系,从而呈现出一些奇特的现象。终西汉一代,黄金货币与铜钱之间没有法定的比价。建武十六年(40年),当刘秀恢复五铢钱时,并没有明文规定恢复作为"上币"的黄金货币。据《后汉书·马援传》注引《东观记》记载,当时马援建议恢复五铢钱,遭到三公的反对,"凡十三难,援一一解之"。恢复五铢钱尚且如此困难,要恢复黄金货币更谈何容易。

东汉以来,史籍中使用黄金的记载明显减少,成为众多史家试图解开的一个谜团。其中有一种比较流行的说法,即"佛教耗金说"。他们认为,由于佛教的传入,大量黄金用于塑佛金身、书写金经,致使汉金消失。

如果此说能够成立，也就客观上反映了黄金作为货币功能的衰退与消失。因为黄金如果作为货币，由于流通的大量需要，是不可能去用作塑佛金身、书写金书的。东汉黄金货币作用的衰退，因而引起史籍记载的减少，但这不是汉金的消失。黄金逐渐退出货币的流通领域，成为人们收藏的对象。黄金作为称量货币，曾经在西汉的货币制度中起过重要的作用，也曾为人们制造出种种奇特的假象。但它不能与铜钱一样，经受战争灾乱的考验，不得不在相当长的时期中失去货币的资格。

白银在古代传说时期就已成为中国人交换中使用的货币之一了。但是因为我国对白银的提炼技术比较落后，因此白银的使用时间应较黄金稍晚。

春秋战国时期的银空首布，可以说是我国最早的白银铸币。以后各朝各代均铸有不同名称和不同用途的银币。秦始皇统一币制，对白银是禁止作为货币流通使用的，所以白银只用于装饰和贮藏。汉代没有明令禁止白银作为货币，但由于数量不多，大多用于大量支付和赏赐及陪葬和供奉用。真正民间使用并作为主币的时期并不长。汉代白银属于称量货币，一般作饼状或铤状，叫做银饼或银铤，与金饼、金铤形状类似。在汉武帝时还曾经尝试发行白金三品银币，但由于作价太高，使货币大幅度贬值，不利于正常的经济生活，最后失败了。

唐代的货币，主要是绢帛。中唐以后，绢帛不能适应市场交易的需要，贵金属白银作为货币逐渐受到人们的重视。由于其交换、支付使用方便，所以用于很多领域，如：商品交易、租税、赈济、赏赐、贡奉、军费、布施、官俸、债务等。甚至政府的税法都有用银的规定，如唐税制《租庸调》规定："丁随户所出，岁输绢二匹，……非蚕户，则输银十四两，谓之调。"到唐末、五代时期，白银已成为商品流通中最常见的一种货币，根本改变了过去主要用于装饰和贮藏的状态。同时，银的数量也是空前之大。

在与南宋同时的金朝，白银已成为主要货币，和铜钱、纸币同时流通使用。金章宗承安二年（1197 年），铸造了白银"承安宝货"。这是汉武帝以后第一次出现的政府法定银铸币。近年来黑龙江阿城一带曾出土过这种银币。

到了元代,银本位制得到进一步强化,政府把白银作为一种主要货币,银锭"元宝"出现。到明清时,银本位制不断巩固加强,银币在明朝成为正式货币,元宝、碎银和银元成为清朝法定货币,白银在明清王朝的经济发展中的作用至关重要。一直到1935年中国国民政府宣布发行法币、取消银本位,白银作为货币的使用才受到限制,但银元在民间一直流通到1949年。

明代初期,由于禁止商人及金银铜锡出海,国内使用铜钱,禁止私铸极严,对银矿并不重视。永乐晚年,朝廷为了应付开支,开始重视开采银矿。先后遣官开采陕西、福建等地的矿产,设立葛容溪银场局、云南大理银冶。宣德以后,金银开采时停时续,民采、官采及所谓"奸民"私采,不断发生纠纷,政府军与"盗矿者"常发生武力战斗。各银场有朝廷派驻的官员督办税课。此后,采银潮开始,其高峰在嘉靖万历年间。明代至嘉靖时,银两已成为全国流通货币,价值大的交易均用银计价,民间也普遍使用白银。嘉靖、万历年间,河南、云南、山东、四川等地开始开采银矿。直至明末,各地私矿徒结聚甚多,与农民起义军汇成历史大洪流。

清代货币制度基本沿袭明代,使用铜钱和银两,短时期局部使用过户部官票和大清宝钞。一般大额交易使用银,小额及零星交易使用铜钱。因社会经济的发展,使用白银更为普遍,白银的地位显得更加重要。清代中期以后,市场上通行使用白银铸币,向外国购买机器铸造银元,与当时流行的西班牙、墨西哥银元及其他外国银洋,以及新铸的铜元并行流通。光绪十四年(1888年),张之洞督粤,用机器仿照外国的铸币样式铸造银币;李鸿章继任粤督,续成正式开铸名曰"光绪元宝"(俗称龙洋)的银元,自此,中国开始自行铸造银元本位币。清代晚期通行的货币则以银元和银行兑换券为主,这是中西贸易、经济交往扩大的结果。

北洋政府时期,国币流通日广,各种旧银元并没有完全退出市场流通,通商贸易也仍以银两为标准,银元要折合成银两计算。南京民国政府成立后,统一币制成为巩固政权的要务之一。1933 年 3 月,民国政府财政部决定先在上海试行"废两改元"。根据规定,自 3 月 10 日起,上海各业的交易往来,一律改用银币计算。之后,财政部又颁布了相应的铸造条例,规定由中央造币厂统一铸造银本位币,银本位币定名为"元",每枚重 26.6971 克,成色 0.88,即含银量为 88%,含铜量为 12%,公差不超过 3‰。"废两改元"确立了银本位制度,统一了全国货币。白银货币由计重改为计数,有利于发挥其价值尺度和流通手段的功能,削弱了钱庄和外国银行的势力,有利于国内银行的加速发展。

然而,银本位制的确立也有一定的不足。由于大量的白银被用作币材,原本白银产量不丰的中国更显出白银短缺,白银不得不依赖进口。因此,世界银市的波动直接影响到中国货币币值的稳定,进而影响到中国社会经济的各个方面。

黄金白银在货币史上一直是不可或缺的。它们的存在见证了中国商业文化的发展与前进。

# 商业文化与道德的典范——晋商与徽商

**明**清时期，农产品大量进入市场。由于商业竞争加剧，区域商人群体形成，实力最强的有晋商、徽商等。商业帮会不断扩大，部分帮会积累起商业资本后扩大经营范围，涉足其他行业；还办起金融机构，甚至走出国门，把生意做到国外，积累起巨额财富。但是，此时的商业竞争也愈演愈烈，因此，开始出现明确的商业道德的约束，使得这一时期的市场越来越规范，逐渐形成了一种商业文化。其中以明清十大商帮为主，各自形成了自家的商业道德体系：山西商帮——义中取利，信誉第一；徽州商帮——贾而好儒，财自道生；福建商帮——自强不息，爱拼会赢；广东商帮——敢想敢干，敢为人先；山东商帮——重土乐安，诚实守信；宁波商帮——灵活善变，开拓创新；龙游商帮——海纳百川，宽以待人；洞庭商帮——审时度势，稳中求胜；江西商帮——广泛从业，小本经营；陕西商帮——追求厚利，既和且平。

晋商与徽商是全国最多、实力最强的两大商帮。下面我们一起来了解一下这两个商业历史舞台上的璀璨明星。

通常意义的晋商指明清500年间的山西商人，晋商经营盐业、票号等商业，尤其以票号最为出名。晋商也为中国留下了丰富的建筑遗产，如著名的乔家大院、常家庄园、王家大院、渠家大院、曹家三多堂等等。八国联军向中国索要赔款，慈禧太后掌权的清政府就向晋商的乔家借钱还国债。晋商的经济实力，可以从这个事情反映出来。

晋商、徽商都以经营盐业起家，运城盐湖是晋商乃至华商的源头。运城盐池地处黄河流域，它的开发生产是与中华民族的早期形成和繁衍生息相伴相随的。据说，著名的"黄帝战蚩尤"就发生在河东盐池。这是中国历史上第一次部落战争，争夺的目标就是盐，因为谁拥有了盐，谁就拥有了财富。日本学者宫崎市定在《历史和盐》中考证出，商贾的"贾"字出自"卤"。《说文解字》说："盐，卤也，天生曰卤，人生曰盐。"卤就是指盐池或盐池中自然结晶状态的天然盐。他由此推断出，中国的商业起源于盐，最早的中国商人是生活在运城盐池边的晋南人。

盐商就这样自然而然拉开了晋商的序幕。第一位出现的盐商叫胶鬲。孟子在《孟子·告子篇》中有这样一段著名的论述："舜发于畎亩之中，傅说举于版筑之间，胶鬲举于鱼盐之中，管夷吾举于士，孙叔敖举于海，百里奚举于市。故天将降大任于斯人也，必先苦其心志，劳其筋骨，饿其体肤……然后知生于忧患而死于安乐也。"历史上的胶鬲原为纣王大夫，遭商纣之乱，隐遁经商，贩卖鱼盐，后被周文王发现，举为重臣。他是后来人们供奉的三位盐宗之一，另两位一是海盐生产的创始人凤沙氏，一是食盐专营的创始人管仲。说到管仲，就要说到食盐的官营问题。管仲首先创制了食盐民产、官收、官运、官销的官营制度，结果"富上而足下"。此后历代王朝都把盐看做关系国计民生的战略物资，垄断盐的生产，"天下之赋，盐利居半"。汉朝在进行了《盐铁论》的大辩论后，甚至实行盐的产、运、销全部官管，全部专卖制。后唐、宋、元、明、清，无论官专卖、官专营、军事管制，或是官府监督下的商人分销或包销，官府、盐民、盐商三者都始终围绕着盐业这个主线互相依存着、斗争着。官府的管制力度有松有紧，盐商的获利有薄有厚，但却始终顽强地存活着、延续着，继而壮大着。晋商可以追溯到隋唐之间的武士彟（huò）——武则天之父。李渊父子从太原起兵时，木材商人武氏从财力上大力资助，李渊父子就是凭借当时天下最精锐的太原军队和武氏的财力开始夺取全国政权的。大唐建立政权后，武氏被封为国公，地位等同秦琼、程咬金等。可以想象李渊父子当时从武氏那里得到多少财产,而武氏也从他最初聪明的政治投资中得到了巨大的回报。其后还诞生了中国历史上空前绝后的女皇武则天。晋商的辉煌代表人物还有乔致庸等。

晋商成功的根源在于诚信和团结的商帮政策。"称满、斗满、尺满足"这是晋商总结出来的商谚,成就了晋商数百年的辉煌。这也给了当代社会很多成功的企业家重要启示。

晋商由于种种原因在清朝后期和民国时期衰落了,山西也开始在中国经济舞台上变得较为平淡,其中具有代表性的山西商人也只能说一下孔祥熙、李彦宏和郭台铭了。晋商文化也没有被很好地保留,以致山西现在在全国范围来说仍然处于落后状态。但是,那些显赫一时的晋商家族当年无一不在不遗余力地为自己也为子孙后代营建一个归宿,但不是所有的晋商大院都能够保存到今天,有的大院虽然依旧能够找寻,但颓垣残壁之间,早已难觅当年的风采,譬如祁县城的何家大院、碛口西湾陈氏民居等等。20世纪80年代末以来,有关部门先后修复开放了五座晋商大院,虽然这些力求恢复原貌的修复工程并不能完全还原其旧日景象,甚至不可避免地出现了一些遗憾,但今天的人们终于可以最直观地去感受晋商文化了。这五座晋商大院分别是:祁县乔家堡村的乔家大院、祁县县城的渠家大院、长治西白兔乡中村的申家大院、灵石静升镇的王家大院、榆次东阳镇车辋村的常家庄园。乔家大院——民俗博物馆;渠家大院——晋商文化博物馆;申家大院——长治显赫家族;王家大院——山西最大的一座保存完好的建筑群,人称"三晋第一宅";常家庄园——中国第一儒商旧居。

徽商,即徽州商人,旧徽州府籍的商人或商人集团的总称,而非所有安徽籍商人。徽州,今安徽省黄山市、绩溪县及江西婺(wù)源县。徽商又称"新安商人",俗称"徽帮"。徽商萌生于东晋,成长于唐宋,盛于明。

徽商是中国十大商帮之一，鼎盛时期徽商曾经占有全国总资产的 4/7，亦儒亦商，辛勤力耕，赢得了"徽骆驼"的美称。徽商的活动范围遍及城乡，东抵淮南，西达滇、黔、关、陇，北至幽燕、辽东，南到闽、粤。徽商的足迹还远至日本、暹罗、东南亚各国以及葡萄牙等地。清朝后期，随着封建经济的瓦解，徽商逐渐衰亡。古徽州处"吴头楚尾"，属边缘地带，山高林密，地形多变，开发较晚。汉代前人口不多，而晋末、宋末、唐末及中国历史上三次移民潮，给皖南徽州送来了大量人口，人口众多，山多地少，怎么办？出外经商是一条出路。丰富资源促进了商业发展。徽商最早经营的是山货和外地粮食。如将丰富的木材资源用于建筑、做墨、油漆、桐油、造纸，这些是外运的大宗商品。

徽商经营行业以盐、典当、茶木为最著，其次为米、谷、棉布、丝绸、纸、墨、瓷器等。其中婺源人多茶、木商，歙县人多盐商，绩溪人多菜馆业，休宁人多典当商，祁门、黟县人以经营布匹、杂货为多。

徽商除了从事多种商业和贩运行业外，还直接办产业。休宁商人朱云沾在福建开采铁矿，歙县商人阮弼在芜湖开设染纸厂，他们边生产边贩卖，合工商于一身。徽商经营多取批发和长途贩运。休宁人汪福光在江淮之间从事贩盐，拥有船只千艘。一些富商巨贾，还委有代理人和副手。徽商还使用奴仆营商，休宁人程廷灏曾驱僮奴数十人，行贾四方。徽商在经营中注重人才，做到知人善任；注重市场行情，实行灵活经营。有一业为主兼营他业的；有根据不同行情、季节变换经营项目的。

徽文化塑造了徽商的品格——儒商，即以儒家文化来指导经商。徽商讲究商业道德，提倡以诚待人，以信接物，义利兼顾。以勤奋和吃苦耐劳而著称，在外经营，三年一归，新婚离别，习以故常。徽商商而兼士，贾而好儒，与封建官僚混为一体，或相互接托。他们除以"急公议叙"、"捐纳"和"读书登第"作为攫取官位的途径外，还以重资结纳，求得部曹守令乃至太监、天子的庇护,享有官爵的特权。一些徽商本人不能跻身官僚行业,就督促子弟应试为官,自己也就成为官商。明清是我国商品经济较发展的时期,并且已有资本主义萌芽,这时也是徽商鼎盛之时。

在徽商的历史里流传着这样一个故事:徽州歙县棠樾世居鲍姓大族,乾隆年间族中有位少年奇才名叫鲍志道,字诚一,号肯园。他自幼读书,按他父亲的意思是要他日后参加科举考试走做官之路。但是,其父虽业商但不善积财,家境并不宽裕。于是在 11 岁时,志道便中断学业,走上经商之路。

由于家贫,出门时志道身无分文。母亲便从箱柜底层拿出一直珍藏着的志道婴儿时的褓褓,将褓褓的虎头帽上配镶的那枚"康熙通宝"铜钱取下,交给志道,告诉他说:"儿啊,这可是我们家仅剩的一文铜钱了。今天给了你,咱家的兴旺就要看你了啊!"志道眼含热泪,郑重地将这一文钱收在内衣夹层的口袋里,下定决心不让母亲失望。他想到母亲身体不好,弟弟又在读书,感到身上的担子很沉很沉……志道几乎是一路乞讨到江西鄱阳,路上的辛苦自是不必说了。到鄱阳后,他一边帮人打工,一边学习会计。会计学成后,也积了一点钱,他离开鄱阳,来到浙江金华。在金华,他利用身上积攒的钱开始做些小生意。为寻找更好的市场,他从金华又到扬州,从扬州又转徙湖北,不断奔波,但始终未能找到一块立足之地。20 岁时,志道又一次来到扬州。十年的商场奔波,使他逐渐成熟起来。"列一百二十行经商财货,润八万四千户人物风流",扬州自古繁华,明清时期更是聚集了一大批富商巨贾,且徽州人占一大半。扬州的繁华,令志道目不暇接,他决心在此地一展宏图。

适逢此时一位歙县大盐商急需招聘一名经理,要求是能吃苦耐劳、精于核算。学过会计的鲍志道抓住机会,前去应聘。然而,这位大盐商在招聘中,出了一道让人意想不到的试题。第一天,面试之后,大盐商命伙计给每位应聘者一碗馄饨,说算是犒劳。吃完后,大盐商让各位回去准备第二天考试。谁知,第二天盐商出了这样的几道题:请回答昨日你所吃的馄饨共有几只?有几种馅?每种馅又各有几只?应聘者被这样离奇的试题弄得目瞪口呆,有的摇头苦笑,有的后悔不已。然而鲍志道凭他十年从商的经验,昨日就预料了那碗馄饨的不寻常,所以他对那碗馄饨作了细细地观察,此时应付这几道题自然是得心应手。结果不必说,他被聘用了。聘用后,他经常和商场行家打交道,由于肯吃苦,勤于学习,使得业务素质迅速提高。凭他超人的经营才干,盐商的经营大有起色,他自己也得到了丰厚的报酬。经过几年的积累,志道有了一定的经济基础,于是辞去了经理职务,决心自己开创事业。他瞄准了盐业经营,因为,一方面盐业是扬州的龙头行业,扬州所处的盐场是当时全国最大的盐场;另一方面盐业经营利润大。在这几年经理生涯中,他早已摸熟了市场行情,结交了许多社会各界的朋友,建立起了庞大的个人人际关系网。这些使他的事业很快走向成功,家资累至巨万。而且,他凭着精明强干、处事公允、急公好义,在业界的声誉也是日益高涨。

恰好此时,清政府为了加强对盐商的控制,在盐商比较集中的地方设立盐务总商。鲍志道当之无愧地被选为总商。然而总商的角色并不好当,一方面,在政府眼里,盐商都是些富得流油的肥羊,总要想方设法进行搜刮,因此总商要代表众盐商利益与政府交涉、周旋。另一方面,他要不断解决盐商内部的矛盾,同时还要向政府反映众商人的愿望和要求。总之,总商处在政府和众盐商之间,双方谁也不能得罪,没有精明干练的处事能力是很难做到的。鲍志道担任总商,处事果断、公允,深受众盐商的拥护,也得到政府的赏识,因而他在总商职位上一干就达 20 年之久,声望显赫。

遥想当年,鲍志道怀揣一文钱出门经商,可以说一路备尝艰辛;在商场几十年摸爬滚打,辛酸的故事必不会少;总商虽说荣耀,但夹缝中做人,岂能是容易的事?问题在于,不论处在何种情况,他始终能立于不败之地。这不能不引起我们的思考、学习和借鉴。

通过研究,徽商的精神简而概之有以下几点:卫国安民的爱国精神,百折不挠的进取精神,度势趋时的竞争精神,以义制利的奉献精神,贾而好儒的文化精神,以众帮众的团队精神,敬业精神,现代视角的精神文明。总之,徽商在从事商业经营贡献于物质文明的同时,也在积极地参与各种文化活动,为封建时代文化的发展作出了贡献。这些宝贵精神使徽商在中国古代商业史创造了一个个商业神话,同时亦引领着当代中国市场的稳步前进。

晋商与徽商的商业文化大力推动了中国商业的发展,总结和研究它们经营的成功经验,对我国商贸行业应对今后日益复杂的经济贸易全球化局面有很好的启示和借鉴意义。

# 茶　法

茶法,即国家对茶叶征税和榷禁专卖的各种制度。中国是世界上种茶、饮茶最早的国家。魏晋南北朝时期,南方已普遍种茶,饮茶习惯亦盛行大江南北。但在较长历史时期内,茶叶仅作为贡品奉献朝廷。至唐代茶叶生产大规模发展,人民饮茶风气逐渐形成,才开始茶税、榷茶,逐渐建立起完密的茶法制度。

　　唐朝对茶叶征税始于唐德宗建中四年(783年),十税其一,由盐铁转运使主管茶务。兴元元年(784年)改元大赦,停止征收茶税。贞元九年(793年)恢复茶税,在产茶州县及茶山外商人所经要路设置税场,分三等作价,十税其一,每年得钱四十万贯,茶税成为国家的一项重要财政收入。唐穆宗即位后,又增天下茶税十分之五。唐文宗大和九年(835年),王涯为诸道盐铁转运榷茶使,开始改税茶为榷茶专卖。郤令百姓将茶树移植官场中栽植,采摘的茶叶在官场中制造,全部官种官制官卖。此法遭到朝野反对,百姓诟骂,不久就被废。开成元年(836年),李石为相,又恢复贞元旧制,对茶叶征收什一税。唐武宗即位后,榷茶专卖制度才确立起来:"令民茶折税外悉官买,民敢藏匿而不送官及贩鬻者没入之。"全部茶叶都由官府收买,然后转卖给商人,并对茶商征收重税。唐末,茶法的项目更加完密,严厉惩治私卖和漏税私茶。茶税已成为国家的大宗收入。但随着藩镇割据的形成,地方茶税收入多被割据政权截留,中央政府所得无几。

　　五代十国时期,全国分裂割据,茶法不复统一。南方产茶地区的南唐和后蜀等割据政权实行榷茶专卖;湖南地区则允许百姓采茶、卖于华北,设置回图务,征收高额茶税。北方五代诸国,因不产茶,所需茶叶都从江淮以南输入,则设置场院,征收商税。

宋朝茶法日益完密,并建立了茶叶专卖制度。宋初,中央三司盐铁部和京师榷货务管理茶政,元丰改制后,由户部的金部、太府寺的榷货务管理茶政。南宋时,则由直属中央的行在(临安府,今浙江杭州)榷货务、都茶场等管理茶叶专卖和茶利收入。禁茶地区则由中央直接派官或地方官兼管茶政。宋徽宗崇宁以后,又在路一级设置提举茶盐司,主管各路茶政。

宋朝茶法分通商和榷禁两种。通商和榷禁都有严格的行茶区域,停止越界,出境受罚。通商,即征收茶园户的租税和商人的商税,准许自由贸易。两广产茶极少,一直实行通商,蜀地在熙宁七年(1074年)以前也实行通商,均禁其出境。东南地区在宋仁宗嘉祐四年(1059年)至宋徽宗建中靖国元年(1101年)也曾一度通商,征收茶税。榷禁,又称专卖,即将种茶户专门设置户籍,称园户,缴纳租税,用茶折算,由官府确定课税的额度,预支本钱,在限额茶和额外余茶,全部按官价收买,不得私卖。官府把由此垄断来的茶叶转卖给商人,获取高额利润。个别地区的民用食茶,曾一度由当地政府发卖。

东南地区榷茶最初实行的是交引法。宋太祖乾德二年(964年)开始实行榷茶,其后陆续在淮南产茶最多的蕲(今湖北蕲春)、黄(今湖北黄州)、庐(今安徽合肥)、光(今河南潢川)、舒(今安徽安庆)、寿(今安徽寿县)六州建十三场,在沿江茶叶集散地江陵府(今湖北江陵)、真州(今江苏仪征)、海州(今江苏连云港)、汉阳军(今湖北武汉市汉阳)、无为军(今安徽无为)和蕲州的蕲口设置六榷货务,官府把各地收买的全部茶叶集中于十三场和六榷货务,统一发售。命令商人在京师榷货务和沿江榷货务缴纳茶款,或西北沿边通过入纳粮草、从优折价,发给文券,称为交引,凭引到十三场和沿江榷货务领取定额茶叶贩运出卖。其后商人操纵粮价，使国家的课税受损，而沿边居民领取交引后，又不能到东南领茶，只得把交引贱价卖给京师交引铺，倍受剥削，故不愿入纳粮草领取交引，致使交引法难以施行。

宋太宗以后曾一度实行贴射法。即令商人贴纳官买官卖每斤茶叶应得净利息钱，准许其向园户买茶出卖，所以称为贴射法。但必须在官置的买茶场进行交易，给券为验，以防止私售。如果一年中贴射的数量不足，或无人贴射，则仍由官府收买。贴射法避免了商人操纵茶价的弊病和官买官卖官运茶叶的种种开支，官府可得买卖净利。但它使商人只买好茶，劣质坏茶只能由官府收买，同样亏损茶利，所以只于宋太宗淳化四年（993 年）二月至七月在东南地区，宋仁宗天圣元年至三年（1023—1025 年）在淮南地区一度施行，即行废止。由于交引法和贴射法各有弊端，造成国家的税收损失，宋仁宗嘉祐四年废除东南榷茶，允许通商。

宋徽宗崇宁元年（1102 年），蔡京在东南地区恢复榷茶，对交引法和贴射法，去弊就利，改行茶引法。政府废除官买官卖茶叶，命令商人到产茶州县或京师榷货务购买茶引，凭茶引向园户买茶赴产茶州县合同场称发、验引、封印，按规定的时间、地点和数量出售。茶引分长引和短引。长引行销外路，限期一年；短引行销本路，限期一季。茶引法革除了官府直接经营茶叶买卖的种种弊端，给予茶商和茶农一定程度的自由交易权，调动了茶叶的生产者和经营者的内在积极性，有利于茶叶的生产、流通和增加国家茶税收入，所以直到南宋灭亡，茶引法一直在实施。

宋朝蜀地榷茶，在宋神宗熙宁七年开始实行茶马法。在成都设置都大提举茶马司主管茶政。产茶州县设置买茶场，全部收买民茶，由官府直接将茶叶搬运至熙（今甘肃临洮）、秦（今甘肃天水）等地卖茶场和马场；或召商人在四川官场买茶，产茶州县发给长引，每引按茶价征收十分之一的引税,免除过税,运至熙、秦等地区卖给卖茶场和买马场。然后卖茶场和买马场再用这些茶叶与少数民族交换战马或卖给少数民族,茶利作边防经费。购买四川沿边少数民族战马,也实行茶马法。同时官府还垄断对西南、西北少数民族的茶叶供应。行销四川内地的茶叶,则由买茶场将收买园户的茶叶,取息十分之三,直接卖给商人,准予贩行川峡四路作为民用食茶。南宋高宗建炎二年(1128年),赵开又废除了行销四川内地茶叶的官买官卖,行茶引法,准允商人买引向园户买茶出售。至此,除茶马法所需的茶叶仍由官买官卖外,其余都实行商买商卖的茶叶专卖制度。

宋朝的茶叶专卖制度已相当完备。凡违犯引法规定的条款,都要受到没收茶货及笞、杖、徒、流的刑罚。伪造茶引和结伙贩卖私茶,遇官司擒捕反抗者处死。官吏违法徇私,也依法治罪。这种茶叶专卖制度既大大增加了国家财政收入,又解决了战马来源,对维护两宋王朝政治、经济、军事利益都起了重要作用,所以为后代封建王朝所继承和发展。

金朝统治北方,茶叶要从南宋进口,为了避免"费国用而资敌",对走私入境茶叶和饮茶都实行严格控制。金章宗承安三年(1198年),曾设官制茶,结果以失败告终。次年又在蔡州(今河南汝南)等四州各设置官坊制造新茶,按南宋的标准每斤为一袋,价值六百文,命山东、河北四路转运司按各路户口平均其袋数配卖给百姓。商人买引者,可以直接交纳钱款,也可以用实物折价。泰和五年(1205年)废除官造茶坊,茶叶仍全部依赖南方输入。其后规定七品以上官员方可饮茶,但不得私卖和赠献。不应保存茶叶而保存者,按斤两治罪。同时还规定除食盐外,不得用丝锦绢等物与南宋交易茶叶。金宣宗元光二年(1223年),又因国家财政困难,重定茶禁,规定亲王、公主及现任五品以上官员方许饮茶,仍不得出卖和私赠别人,犯者判五年徒刑,告发者赏宝泉钱币一万贯。

元朝兴于漠北,不缺战马,因此废除了茶马法,统一实行茶引法。中央户部主管全国茶务,并设置印造茶盐等引局印制茶引。官府在江州(今江西九江)置榷茶都转运司,总管江淮、荆湖、福广地区的茶税。在产茶地区设榷茶转运司或茶盐转运司,产茶地设榷茶提举司、榷茶批验所和茶由局等机构出售茶引,征收茶税。户部主管印制茶引,地方茶务机构主管出售茶引和征收茶税。废除长引专用短引,每引计茶九十斤。凡商人贩卖茶叶,必须缴纳引税,并在指定山场买茶。茶引之外又有茶由,每由计茶九斤,后改为三斤至三十斤共十等,提供给卖零茶者。商人凭引、由运卖。商人运茶经过批验处所不交引、由进行验证者,杖七十,卖毕三日内不赴官司缴纳引目者,杖六十。商人转用茶引、涂改字号,增添夹带斤重,运茶车船主知情夹带,均按私茶治罪。凡是贩运私茶者,杖七十,茶一半没收入官,另一半赏赐给告发者。伪造茶引、茶由者斩,没收家产赏赐给告发者。官司查禁不严,致有私茶发生,相关官吏都要被问罪。其茶税的税率,初时尚轻,元世祖至元十三年(1276年),每引收钞四钱二分八厘,全国征收茶税不过一千二百余锭。以后逐年提高税率,元仁宗延祐七年(1320年),每引征税为十二两五钱,全国茶税已达二十八万九千二百多锭。四十多年间,茶税增加近三百倍。

明朝中央户部主管全国茶务,确定税额,并设巡察御史以惩办私茶;设茶课司、茶马司办理征税和买马;设批验所验引检查真伪。其茶法分商茶和官茶。榷茶征税的为商茶,在边境交易马匹的为官茶。商茶行于江南,官茶行于陕西汉中和四川地区。商茶允许商人买引贩卖,官茶必须保证买马需要。

商茶均实行引法。中央户部将茶引付产茶州县发卖。凡是商人买茶,必须到官府具体报告所卖斤重,行茶地区,纳钱买引,才允许向茶户买茶出境贩卖。每引限贩卖茶一百斤,不足一引者,称为畸零,另发茶由,允许贩卖茶六十斤。官府按行茶地区远近,定以程限,在经过批验所时依例批验,将引、由截角,别无夹带才允许放行。茶与引必相随,有茶无引,多余夹带,按私茶治罪。茶园户将茶叶卖给无引由的商人者,处以原价一倍的罚金。商人将茶运至卖茶地,还需向税课司按三十取一缴纳销售税。买茶完毕,即以原给引、由向所在州县官司缴引,封送原批验所、汇解户部查销,如果过期不缴引者,批验茶引所在每季查出商名贯址,引、由数目,转所在地巡按监察御史按察司提问追缴,送户部注销。四川商茶,政府还按不同的销售对象、范围,以及茶叶的品质、制法和传统的供销关系,将茶引分为边引和腹引。边引行销今四川甘孜、阿坝、青海果洛和西藏等藏族地区,腹引行销内地,形成了川茶的"两边一腹"的引岸制度。

官茶贮边易马是明朝茶法的重点。"国家重马政,故严茶法",设茶马司进行管理。政府曾先后设置秦州(后迁西宁)、河州(今甘肃临夏)、洮州(今甘肃临潭)、庄浪(今甘肃水登)、岷州(今甘肃岷县)、永宁(今四川叙永)、雅州碉门(今四川天全)茶马司,而以西宁、河州、洮州、碉门茶马司为主要茶马贸易机构,垄断与藏族的茶马互市。政府对与西北、西南少数民族地区的走私茶叶防范极严,定期派遣官员巡查关隘,捕捉私茶。对私茶出境与关隘失察,都处罚极重。明太祖洪武三十年(1397年),驸马都尉欧阳伦由陕西运私茶至河州,就被赐死伏诛,茶货没收。到明世宗嘉靖年间,才减私茶通番之罪,止于充军。

茶马司的官茶来源有如下几种:①官征官买官运法。政府规定陕西汉中茶叶和四川"巴茶",官征十分之一,无主茶园由军士种植,官取十分之八,其余茶叶由官定税额收买,并确定汉中每年上缴税茶 26000 斤,四川 100 万斤。因而将四川保宁(今阆中)、夔州(今奉节)地区划为"巴茶"范围,茶税由陕西巡茶御史管理,"巴茶"以外的川茶才由四川茶盐都转运司管理。这些官征官买茶叶，由政府组织人力分别运至各茶马司，耗费了大量人力物力，劳民伤财，得不偿失。②运茶支盐法。明宣宗宣德年间在实行官运茶叶的同时，由政府发给盐引以到江淮支盐为报酬，动员商人把四川茶叶运到西北茶马司交货，但不得进行茶叶买卖。在实行过程中，不少商人借营运官茶之名，行商贸走私之实，不把茶叶交给茶马司而自行贸易，使官茶缺乏、买马不便，所以于正统元年(1436年)停止此法。③召商中茶法。弘治三年(1490年)，陕西巡抚及布政司出榜"召商报中"104万斤茶叶，发给茶引赴巡茶御史处备案，在产茶地区收买茶叶，赴西宁、河州、洮州茶马司，官取十分之四的茶叶，其余由商人自由贩卖。此法使茶马司坐收数十万斤茶叶，官茶库存日增。但它正式允许商人参加茶马互市和蕃汉贸易，政府在与商人的竞争中往往败北。茶马司以不能取得足够战马为由而于弘治十五年(1503年)年下令停止实施此法。但之后，官茶储备日减，买马更加困难，所以于弘治十七年(1505年)又一度施行此法。明武宗正德元年(1506年)正式恢复此法，增加官府提成率，采取官商对分，一半茶叶由商人自行贩卖。自此，官、商都可以交易马匹，好的马匹尽归茶商。在明代汉藏茶马互市中私商终于战胜了官商。

　　茶马司所得茶叶，除有时召商纳粮支茶或令商人将茶折银、以备赈灾储边外，其余全部茶叶都用于买马之用。买马办法有召番卖马支茶法、召商纳马支茶法，而以规定各部族每年卖马数额的金牌差马支茶法为主要买马方式。所以明代是中国汉藏茶马互市最发达的时期。"自碉门、黎、雅抵朵甘、乌斯藏，行茶之地五千余里。山后归德诸州、西方诸部落无不以马售者。"

　　清沿明制，仍分官茶和商茶。其管理制度与明略同。官茶行于陕、甘，储边易马。政府在陕西设五名巡察御史，分驻西宁、洮州(今甘肃岷县)、河州、庄浪、甘州(今甘肃兰州)茶马司,主管官茶和茶马贸易。其后裁撤茶马御史,或派部员,或令甘肃巡抚兼管,最后由陕甘总督管理官茶茶务。清世祖顺治初年,规定"上马一匹易茶 120 斤,中马一匹易茶 90 斤,下马一匹易茶 70 斤"。所需官茶,仍效仿明代"召商中茶"法。山西、陕西的商人称东商,回族商人称西商,都设有总商负责督促商人纳税。由于清朝牧地比前代广阔,买马的军事意义逐渐消失。康熙以后的茶马互市,易马数量不多,并时易时停,致使茶马司库存茶叶日增。为解决库存积茶,政府时而将所收茶叶改折军饷,发给士兵转卖;时而将应征茶商本色官茶改用三成、二成,甚至全部折银纳官。清世宗雍正十三年(1735年)停止易马,茶马司实际上成为管理民族贸易的机构。所存官茶,或折饷,或易粮,或召商发卖。应征茶商茶叶基本上改为折银,很少征课茶叶。咸丰、同治年间,爆发陕甘回民起义,商民流离、欠税累累。东商、西商均无人"认课请引",茶引滞销。同治十一年(1872年)试行召募新商赴甘肃"请票行茶"。同治十三年正式召募南方商人赴湖南采茶贩运到甘肃销售,称为南商。其后甘肃 70% 的官茶均由南商承办。茶政由兰州道主持。改引法为票法,一票若干引,根据商人资本"认销给票"。商人请票先要向兰州道备案,各省商贩都要先缴纳正税才准许给票,贩运到各地销售后还要邀纳厘税。出口茶叶则另外要在边境局加收厘税。自此,西北官茶地区及出口俄国的茶叶,基本上制由茶商经营,官府只是征收茶税而已。

商茶行于南方产茶各省。中央户部颁发茶引,分发产茶州县发卖。产茶较少地方也有不设引,由茶园户缴纳茶税后行销本地的。广东、广西产茶极少,北方各省不出产茶叶,均不颁发茶引。只有茶商到境向经过关口纳税或略收落地钱。茶商有总商和散商,行茶办法与盐法相似。散商隶属于总商名下,总商负责督征茶税,散商购买茶引纳税行茶。行茶都有一定区域。在四川则有腹引、边引、土引之分。腹引行销内地,边引行销边地,土引行销土司。太平天国起义爆发后,东南各省增加茶厘、茶捐以充军饷,发给引厘、厘票、捐票作为贩运凭证。其时茶庄兴起,或由茶商自行纳税,或由茶庄代为纳税,到发贩时统一由茶庄缴销税单。

随着帝国主义经济侵略的加深,通商口岸不断增多,外商也纷纷来华采购茶叶,形成了汉口、上海、福州三大茶叶市场。汉口市场的砖茶多输往俄国;上海市场的江西、安徽红绿茶多售于欧美各国;浙江绍兴茶叶输至美国;宁波茶多输往日本;福州茶多输至美洲及南洋群岛。茶叶成为中国的大宗出口货物。政府对外商采购运销茶叶只征收子口税,而不征厘金,其税率比国内商人缴纳厘金还低。清朝晚期,废引、厘、捐三票,改用税票以简化手续。清末,茶票逐渐取代茶引。各省商贩凡是纳税者都可领票运销,政府对茶利的垄断逐渐削弱,对私茶的惩处也有所减轻。运销私茶,查出只是没收充公。民国时期继续实行票法,其后又废除引票制,改征营业税。

# 中外闻名的"茶马古道"

茶叶是青藏高原不可缺少的生活必需品，藏族群众有"一日无茶则滞，三日无茶则病"的说法。汉藏之间的"茶马互市"源远流长，由此也逐渐形成了日后闻名世界的"茶马古道"。它是指存在于中国西南地区、以马帮为主要交通工具的民间商贸通道，是中国西部民族经济文化交流的走廊。茶马古道源于古代西南边疆的茶马互市，兴于唐宋，盛于明清，"二战"中后期最为兴盛。

一般所说的茶马古道主要路线是从云南的西双版纳、思茅、普洱、临沧、保山、大理、丽江，经迪庆及西藏的昌都、拉萨等地后，进入印度、尼泊尔等南亚地区，即滇藏道。另一条是从四川的雅安出发，经凉山后，交会云南丽江，再经迪庆、西藏等地后，进入尼泊尔，即川藏道。

中国社会科学院少数民族文学研究所研究员降边嘉措经多年研究和实地踏勘，发现除上述两条路线外，茶马古道还有 3 条较为重要的路线。

其中，第三条是以现在的青海省西宁市为起点，经玉树地区，再到昌都，或通过黑河至拉萨，即青藏道。降边嘉措解释说，青海本身不产茶，西宁只是个集散地，茶叶远从湖广地区运来。他还认为，这条线路向东西两端延伸得更长。

第四条线路是从甘肃河西走廊，经敦煌、柳园，翻越唐古拉山，到黑河，再到拉萨。

在新疆的喀什、于阗地区至西藏的阿里，还有另外一条"茶马古道"，它是丝绸之路的延伸。虽然这条路线由于高寒缺氧，人烟稀少，过往商旅不多，但降边嘉措指出，"这条路可以直达印度和尼泊尔等南亚国家"，具有相当的重要性。

云南省藏学研究所所长王晓松说，之所以把汉藏民族间经济文化交流的通道冠以"茶马古道"之名，是因为汉藏间互利互需的最主要交易是以"汉茶"易"蕃马"。

我国茶叶产于南方，北方和西北高寒地区都不产茶叶。四川则是我国也是世界上种茶、饮茶的发源地。秦汉以前，只有四川一带饮茶并有茶的商品生产。到唐代，我国形成了盛产茶叶的局面，并从唐代起，四川绵州、蜀州、邛州等地的茶叶流入西藏地区，开始了藏族人民饮茶的历史，亦出现了茶叶输往西藏的道路。在唐代，青藏道是西藏地区与中原地区往来的主要通道。文成公主和金城公主也是经青海入藏。总之，唐代中原与西藏地区的交通大道是青藏道而不是川藏道。唐代内地茶叶输往西藏的茶道自然是青藏道。随着吐蕃王朝的瓦解，宋代藏族地区处于分裂状态，青藏道已失去了军事要道和官道的作用。但自唐代茶叶传入藏区以后，茶叶所具有的助消化、解油腻的特殊功能，使肉食乳饮的畜牧人民皆饮茶成风。西北各族纷纷在边境卖马以购买茶叶，而宋朝为了获得战马，便决定在西北开展茶马贸易，出卖茶叶，购买战马。北宋熙宁以后便在四川设置茶马司，将四川年产 3000 万斤茶叶的大部分运往甘肃、青海地区，设置数以百计的卖茶场和数十个买马场，并规定名山茶只许每年买马不得作为其他用途，每年买马达 15000 匹以上，从而使青藏道由唐代的军事政治要道成为茶道。所以《西藏志》的作者陈观浔说，唐宋以来，内地差旅主要由青藏道入藏，"往昔以此道为正驿，盖开之最早，唐以来皆由此道"。

从明朝开始，川藏茶道正式形成。明朝运往西北输入藏区的茶叶仅占全川产量的十分之一，即 100 万斤，其余大部分川茶，则由黎雅输入藏区。而西藏等地藏区僧俗首领向明廷朝贡的主要目的是获取茶叶，因此，他们就纷纷从川藏道入贡。天顺二年（1458 年），明朝规定今后赏赐乌思藏地方的茶叶，都由碉门茶马司供给。这又促使乌思藏的贡使只得由川藏道入贡,不再由青藏的洮州路入贡。到成化二年(1466年),明廷更明确规定乌思藏赞善、阐教、阐化、辅教四王和附近乌思藏地方的藏区贡使均由四川路入贡。而明朝则在雅州、碉门设置茶马司,每年将数百万斤茶叶输往康区转至乌思藏,从而使茶道从康区延伸至西藏。而乌思藏贡使的往来,又促进了茶道的畅通。于是由茶叶贸易开拓的川藏茶道同时成为官道,而取代了青藏道的地位。清朝进一步加强了对康区和西藏的经营,设置台站,放宽茶叶输藏,打箭炉成为南路边茶总汇之地,更使川藏茶道进一步繁荣。这条由雅安至康定,康定至拉萨的茶道,既是明清时期的川藏道,也是今天的川藏道。民谚说:"正二三,雪封山;四五六,淋得哭;七八九,稍好走;十冬腊,学狗爬。"这形象地描述了川藏道行路难的景况。川茶就是在这样艰苦的条件下运至藏区各地的,川藏茶道就是汉藏人民在这样艰苦条件下开拓的。

川藏茶道的开拓,也促进了川藏道沿线市镇的兴起。康定在元时尚是一片荒凉原野,关外各地及西藏等处商人运土产至此交换茶叶布匹,只得搭帐篷竖锅桩,权作住宿之处,明代才形成一个村落。随着藏汉贸易南移,这里逐渐发展成为边茶贸易中心。雍正七年(1729年)置打箭炉厅,并派兵驻守。从此"汉不入番,番不入汉"的壁垒被打破,大批藏商越过静宁山进入康区,大批的陕商和川商也涌入康区。这是个因茶叶集市而兴起的城市。藏汉贸易通过"锅庄"为媒介,雍正至乾隆时期,锅庄由13家发展48家,商业相当繁荣,成为西陲一大都市,此外还有里塘、巴塘、道孚、炉霍、察木多(昌都)、松潘等地都是在清代茶道兴起而发展为商业城镇的。总之,川茶输藏是促进川藏交通开拓和川藏高原市镇兴起的重要因素。

茶马古道带动了藏区社会经济的发展。通过茶马古道,不仅使藏区人民获得了生活中不可或缺的茶和其他内地出产的物品,弥补了藏区所缺,满足了藏区人民所需,而且让长期处于比较封闭环境的藏区打开了门户,将藏区的各种土特产介绍给内地,形成了一种持久的互补互利经济关系。这种互补关系使藏汉民族形成了在经济上相辅相成的格局。沿着这条道路、伴随茶马贸易，不仅大量内地的工农业产品被传入藏区丰富了藏区的物资生活，而且内地的先进工艺、科技和能工巧匠也由此进入藏区，推动了藏区经济的发展。例如因茶叶运输的需要，内地的制革技术传入藏区，使藏区的皮革加工工业发展起来。

今天，随着现代交通的兴起，这条自唐宋以来延续达一千多年并在汉、藏之间发挥过重要联系作用的茶马古道虽已丧失了昔日的地位与功能，但它作为中华民族形成过程的一个历史见证，作为今天中华多民族大家庭的一份珍贵的历史文化遗产却依然熠熠生辉，并随着时间的流逝而日益凸显其意义和价值。

# 工资琐议

 **在**茶余饭后，人们常常谈论一些热点问题，其中包括与各个劳动者利益相关的调整工资的话题。工资就其内容来讲，是作为劳动报酬按期付给劳动者的货币或实物，它是月薪生活者的物质寄托；就其演变来讲，它不是现代人的一种发明，而是经历了一个比较漫长的发展过程。

  按月发薪，这种习以为常的行为，最早是从什么时候开始的呢？据有关文献记载，在秦朝以前，尚没有完备的工资制度，直到汉朝才对各种级别的薪俸做出了规定，但当时并不是按月发放，而是实行一年一度的结算方式。当时被称之为"年俸"。真正按月发俸，大概是从南朝宋代元嘉末年开始。据《南史·阮长之传》记叙：南朝宋以前，郡邑的"官田禄"，以芒种为断，若在芒种前辞官，则其年禄都归后来上任的新官所有。至元嘉末年（450 年左右），才实行按月分俸的办法。按此算来，在我国实行月薪的历史已有一千五百多年了。

  古代发的月薪并不是用货币，而是以实物的形式来分发，通常用粮食，这在古代叫做"禄"。唐代的陆贽说："三代（夏、商、周）以食人众寡为差"，大意是说禄是按人口分配的。到了战国时期，禄在量上的差额就相差悬殊了。例如，齐国陈仲子的哥哥年中食禄万钟（一钟为六斛四斗），这是地地道道的厚禄。与此相比，有的禄不过"斗食"，"斗食"一年，粮食不足一百斛，这种薄禄与"万钟"是不能相提并论的。

  在汉朝，禄被称为"奉"或作"俸"，因为实行按月发放，所以又称为"月奉"。以"石"或"斛"作为计算单位，所发的仍是粮食。今人常常提及的"俸禄"一词大概也源于此。到了东汉时期，才有了所谓的"月钱"。但是，那个时候的月俸，除了月钱之外，还有粮食。

唐代以后,由于货币的发展,薪俸常以发钱的形式出现。唐玄宗开元二十四年(736年),定百官俸,一品官每月为三十千(以千文为计算单位),依次递减,至九品官则每月为一千九百余钱。在封建社会里,因为自给自足的自然经济占统治地位,商品经济的发展步履维艰,因而在相当长的时间里实物薪俸占较大比重。这种状况,说到底是由封建经济的特点所决定的。

在明代中叶,商品经济比较发达的江南地区和东南沿海城市,出现了比较明显的资本主义萌芽,商品经济有了一定的发展。在这样的一种经济背景下,薪俸的发放不再采用实物形式,而是全用薪金。当时称之为"月费",过了不久又改称为"柴薪银"。后世的人们称工资为"薪水",就是从"柴薪银"这一名称演变而来的。

工资在不同的所有制的基础上,有着不同的性质。在存在雇佣关系的条件下,工资问题常常笼罩上层层的迷雾,其隐蔽的实质紧紧与剥削联系在一起。在社会主义公有制的基础上,工资是按劳分配的一种形式。因为在社会主义条件下还存在商品货币关系,因此,每个劳动者从社会应得的消费品还要采取货币工资的形式。这种形式尽管古已有之,但它却体现了国家、集体和个人三者之间根本利益一致的社会主义生产关系。

# 从"筹"字说起

**在**现代汉语词典里,关于"筹"字的原始语意,大多把它释为"竹、木或象牙等制成的小棍儿或小片儿,主要用来计数或作为领取物品的凭证"。从这个注解里我们可以看到,筹是与数字概念紧紧相关的,而我国最早的计算工具就是与筹字组合在一起的,取名为算筹。

在遥远的古代,人们为了表示物品的多少或相互之间的关系,逐渐地产生了"数"的概念,并创造出了表达数的方式,以适应和服务于生产与生活的需要。在陕西西安半坡村出土的一些距今五六千年的陶器上依稀地可以看到一些符号,有的考古学者认为其中一部分就属于数字符号。到了殷商时代,文字使用已较普遍,因此刻在甲骨上或陶器上的数字也就不可胜数了。

数的概念的产生其意义显而易见,但它毕竟仅仅是个开始。怎样来进行计算这是一个需要在实践中反复摸索的难题。据史料记载,在春秋战国时期,我们的先人就普遍地使用算筹做计算工具。算筹的制造方法既不深奥也不麻烦,竹、木、骨、铁、铜等各种材料都可以用来作筹,只是要求每种筹必须是一般长短、粗细的,参差不齐是无法组合的。1971年在陕西千阳县出土的西汉时的骨质算筹,是在考古中第一次发现的算筹实物,也是我国目前所见到的年龄最大的算筹。完好的有21根,每根长13厘米左右,还有10根残断的。用算筹来表示数字共有两种形式,一种称为纵式,也可称之为直式,另一种是横式。

在使用算筹时,古人规定,用纵式表示个位、百位、万位、百万位……用横式表示十位、千位、十万位……由此推导,纵横相间,即便是天文数字,也会清楚地表示出来。在使用的过程中倘若遇到了零,古人就不摆算筹,而是让那个地方空着,这样人们担心的问题也就迎刃而解了。据说,开始的时候,只用算筹来表示正数,后来为了解决现实中的一些麻烦,增强它的功能,便创造性地把算筹做成红、黑两种区分度较高的颜色,让红筹来表示正数,黑筹则毫无选择地承担起表示负数的功能。

算筹从它问世的那天起,就注定作用不是单一的,不仅仅能表示数字,而且能进行一定的运算。它的运算程序同珠算的运算程序大致一样。在运算中遵循的是十进制,这种计算方法在当时居于世界领先地位,从中不难看出我国古代劳动人民的智慧。

据有关专家推算,算筹在我国的使用时间上下绵延 2000 年,直到 15 世纪时,在算筹的基础上发明的另一种更方便的计算工具——算盘逐渐推广后,算筹才算完成了它的历史使命,从一度活跃的舞台上退役下来,演变为历史的遗物。尽管如此,作为最早的计算工具,它留下了不可低估的影响,它的发明以及应用于生产、生活,大大地方便了各种经济活动。许多复杂的数字通过算筹来运算表示,准确、直观、省时,其经济价值是显而易见的。有许多语汇追根溯源都与算筹有着千丝万缕的联系,如"运筹帷幄之中,决胜千里之外"的名句,其实就是算筹的计算功能在语意上的引申。

任何发明都是动态的,都处在不断地改进和发展的过程之中,算筹既然是最原始的计算工具,那么,它的生涯不论长短,都将在人们的记忆中留下深刻的印象,任岁月流逝,任时代变迁。

# 度量衡的起源与变迁

度量衡是计量长短、容积、轻重的统称。度是计量长短，量是计量容积，衡是计量轻重。它们的产生和人类交换行为的发展是有直接联系的，它们的成长过程反映着经济发展的过程。

在原始社会后期，才开始有氏族与氏族之间的交换。最初的情况大多是一个部落或氏族和另一个部落或氏族，以偶然剩余的生产品作为礼物而相互赠送。后来，两个部落或氏族之间，偶尔也以不同的石器进行交换。但是，这样的交换只属于原始交换的范畴，是极为少见、偶然的。在这种情况下就没有使用度量衡的必要。

历史上的前两次社会大分工出现以后，不同的氏族或部落有了不同的产品，彼此可以在一定程度上互通有无，如用羊与谷交换、用黍麦交换陶器等。然而，初时的交换方法还多半停留在论堆计件的阶段，对度量衡的需求并不迫切。当交换从偶然的现象转入正规化、经常化的行为之后，成堆整件的交换方法就越来越显得粗笨。为了克服这种先天的弱点，就要借助于最原始的度量衡方法或器具。而这种情况的出现，从历史的时空来算大概是在原始社会走向瓦解的时期。

最初的度量衡器具就是人体本身。人用自己的手足和动作能够测出一定的长度。《小尔雅》释长度单位命名之由来时阐述道："跬，一举足也。倍跬，谓之步。四尺，谓之仞。倍仞，谓之寻。寻，舒两肱也。倍寻，谓之常。五尺，谓之墨。倍墨，谓之丈。倍丈，谓之端。倍端，谓之两。倍两，谓之匹。"又释容量单位的命名道："一手之盛谓之溢，两手谓之掬。"《说文解字》也有人体是度量衡的标准的说法。其中有这样的记载："……周制：寸、尺、咫、寻、常、仞诸度量，皆以人之体为法。……中妇人手长八寸谓之咫。”这诸多的记载或传说，都反映了古代人对度量衡不仅有着是朦胧的概念，而且是一种探索中的实践行为。在借助人自己本身作度量衡器具的基础上，先人们也不断地开动脑筋，找到更为理想的办法，他们或选择一条平直的树枝来度器，或借用日常用的盛器去做量器。但是，这样都免不了具有随机性、偶然性、临时性，有意识地制作标准器，还远不是原始社会末期的人类所能办到的。

奴隶社会确立之后，私有制观念深入人心，人们越来越关心维系生计的财产的多寡。伴随着商品——货币关系对商品——商品关系的日益取代，等价交换意识日趋增强。这在客观上要求明确度量衡的标准，把计量的标准固定在一种制造的器具上。在这样的背景下，出现了所谓的专器。专器到标准器的发展经历了一个由粗糙到逐渐精确的过程。专器最初是人们根据生产和交换的实际需要而各自制定的，具有随意性与自发性，而标准器的出现无疑要借助于行政力，是由国家明令颁布，令社会成员统一遵照使用的，说到底是一个承认既成事实又把它制度化的过程。从理论和历史实际上来分析，在度量衡家族中，度器出现得最早，量器次之，衡器居后。度是最基本的，面积和容积、容量以至重量，都要通过长度来推算；度器制作最简单，量器稍难一些，而衡器则需要较高的手艺。

据资料记载，我国远古时期的度量衡器具现存的有安阳出土的商代骨尺一把，收藏在南京博物院。商代的数字是十进制，因而商尺分为十寸，此尺仅有寸，没有刻分。诸寸的长度也不均等。倘若它真为商尺，可推断奴隶制时期商代的度具还是很粗糙的。

进入封建社会以后，度量衡得到了发展与完善。在战国七雄中，秦国最后一个进入封建制。公元前350年，秦颁布了统一度量衡的命令，商鞅量的制作就是这个时期的产物。在经济相对活跃的时期，度量衡在交易中的作用较之货币更为基本，也更为重要，物品的单位数量及价格都不能脱离这一基准。在秦传世遗物中，商鞅量为铜制之升，其旁刻有秦孝公十八年鞅造量铭文和秦始皇二十六年诏书，可算是精制的器具。秦颁布度量衡法的目的在于建立一个统一的制度，废除私人的度量衡制，但实行的范围最初只能局限于秦国。秦始皇统一中国后，便颁布了"一法度衡石丈尺"的诏令，沿用商鞅量的制度标准来统一战国以来各国度量衡的差异与混乱，它是以强大的中央集权为后盾的。

秦统一的局面维持了 15 年，汉朝兴起之初，度量衡制仍衔接秦的遗制。后来由于制度的紊乱，而出现了王莽的改制。新莽量制作之精巧令商鞅量铜制之升相形失色、不可比拟。它所代表的是一种空前完整的制度，是三国以后历代封建王朝修订度量衡制度时不可缺少的参考依据。新莽量制度体现了"用度数审其容"的原则，从尺度出发可算出量的容积，并从而决定它的容量。它具备斛、斗、升、合、龠（yuè）五量，由此可测定尺的长度，并从器重二钧测定斤的重量。可见，当时已初步构成了较完整的度量衡体系，揭开了三者之间相承相通的秘密。这种制作透视出了当时社会较高的文化与技术水平。王莽的度量衡制度为后人所沿用，它的影响时间从后汉一直到清代。

纵观度量衡的发展，可知道，民间的度量衡是先于官定的制度而存在的，地方的制度又是先于中央制度而存在的。在奴隶社会转入封建社会的漫长过程中，经过长期较量，官定制在法令上取得了胜利。但民间的度量衡并没有退出经济舞台，它还拥有疏散但强大的势力范围。秦汉两大统一的帝国建立以后，中央集权得到了加强，这是以私有制的发展为基础的，而私有者的主体在这段历史中则由奴隶主阶级转变为封建主阶级。由于封建社会经济组织的割裂性与中央集权制产生先天的抗体，因而合作不可避免地要与摩擦相伴，其结果必然妨碍中央集权制的贯彻。作为中央集权制的主要条件之一的官僚制度，在冠冕堂皇地代表中央的利益的同时，还具有浓重的地方的封建的色彩。这样，不只是秦始皇、王莽统一全中国度量衡的愿望不能完全实现，就是其后历代封建王朝的此种举动也很难如愿。因此，尽管中央颁布度量衡法令的初衷，在于便利税收，但对于封建地主阶级的利益必须给以照顾，不然的话，税收不仅无法正常进行，就连政权恐怕也要受到摇撼。这样一来，地方上和民间所用的度量衡不能不受各地封建地主阶级的支配。

古代度量衡的产生，凝聚了炎黄子孙的智慧，反映了文明古国商贸及科学技术的发展。几千年来，度量衡以其独特的功能和实用的社会价值，被广泛地应用于生产、生活实践中，至今仍发挥着不可替代的作用。

# 追寻纸的脚步

在远古的时候，人们把文字刻在龟甲和兽骨上，甲骨成为聊以记事的书写材料，除此之外，帛、竹、木等也可以充当这种材料。把竹子削成片，记上文字，称之为简。简的长度不等，所容字数不同，最少的仅仅有8个字，一简一行。写一篇文章或一本书，要费九牛二虎之力，把写好的简按照文字内容的顺序，用帛或牛皮一点点精心地串连起来，装成册。《史记》称孔子读《易》，"韦编三绝"，意思是说由于翻阅的次数多了，连串竹简用的熟牛皮都断了好几次，这既表明了孔子读书的刻苦精神，也反映了无纸的艰辛。

木料可以做成简，也可以制成方或版，叫做方版。因为版字可以释"牍"，所以也称版牍。版牍的长度与竹简大致相同，但是与竹简比起来，它有一个较宽的面，这样可以增加写字的行数。版牍通常用来画地图或写公文信札，不轻易地用来写书，这也算是适材而用、扬其所长了。

尽管简和牍较之甲骨有许多优点，这些原始的书写材料也能记载天下大事，传播人类文明，但它们毕竟有许多显而易见的先天不足：苦苦地刻写不利于提高记载速度，笨重的载体不便于携带与阅读。在当时，帛虽然也加入了书写材料的行列，但因为较贵重而不为寻常人所使用，这不可避免地要障碍人类文明的传播与文化的沟通。发明物美价廉的书写材料既是人们的一种企盼，也是有识之士攻关的课题。在这样的一种背景下，经过了数代的研究、试验，纸终于问世了。

在我国曾用过丝质的纸，是做丝绵的一种副产品。制作时，要先把茧煮过，然后放在竹子做的席子上浸于水中捶打，以将茧衣捣碎。经过反复的捶打，可以看到有一层丝絮落在席子上并层层叠叠地交织在一起,形成一个片状,晒干后揭下来,就是早期的一种纸了。古人叫它"絮纸",又叫"赫蹏"。应劭《风俗通》中曾记载:"赫蹏,薄小纸也。""纸"从系旁,说明纸与丝有一脉相通之处。因为这种纸是做丝绵的副产品,所以数量有限,很难大量地生产,这就无法满足饥渴的市场需求。怎样来解决这个矛盾呢?怎样才能满足芸芸众生对纸的需要呢?要想攻克面临的难题就要想方设法在原料上下工夫。

以植物为原料来制造植物纤维纸,这是纸生产的一个重大转折。虽然我们无法考证植物纤维纸究竟诞生在什么时候,虽然我们不能详知最初的生产过程,但是出土的实物的的确确地告诉了我们这种纸的存在。1957年我国考古工作者在西安市郊的一座西汉古墓中曾掘得一叠纸片,尺寸大小不一,最大的长宽度为10×10厘米,最小的为3×4厘米左右,米黄色。经过考古学家的仔细检验,确认是以麻为原料制成的,也就是以植物纤维所造。因出土地在陕西灞桥,故称为"灞桥纸"。这座墓最迟不晚于西汉武帝时,因而有关专家推断,大约在2000多年以前,我国就有植物纤维纸了。1987年,在甘肃天水放马滩,考古工作者又发现了西汉文景时代的纸,纸上还绘有地图,这就把我国造纸的历史又往前推进了。这些考古过程中发现的纸张,虽然表明在华夏大地上纸的年龄的增长,但却未必反映制作技术的精湛。这些鲜为人知的纸是粗糙的、原始的。改变纸的质地的、掌握一套完整的造纸技术的还要数蔡伦。

纸的改进与蔡伦的名字紧紧地连在一起。蔡伦是东汉时桂阳(今湖南耒阳)人,曾任中常侍、尚方令等职。"尚方"是掌管皇家供奉的官府。他对一些工业用品的制造技术很有研究,其中包括造纸的技术。他深知用竹简写字的笨重,目睹了用帛做书写材料无法普及的现实,发现了前人制造植物纤维纸的弊端,于是潜心研究、改进,"用树肤、麻头及敝布、鱼网以为纸"。这些原料极易获得,而且大多是废物利用,成本低廉,制作过程简便,只要经过淘洗、泡沤、舂碎、蒸煮等工序,就可直接加工成纸。蔡伦精心地制成纸之后,于元兴元年(105年)"奏上之",得到了皇帝的夸奖。"自是莫不从用焉，天下咸称蔡侯纸"。

纸的发明可谓是书写材料的一次伟大革命，不仅促进了人类文明的传播，也带来了造纸工业的繁荣。而世界上造纸原料和技术无论有怎样的改进，追根溯源，都得益于蔡伦的造纸术。伴随着社会的进步与科技的发展，纸的品种日益繁多，纸的质量日益提高，造纸业作为社会的一个重要经济部门经久不息地发挥着独特的功能。

# 闻名世界的中国古稻

几千年的华夏历史,其底色是个"农"字。在我们这个举世公认的农业大国里,种植业一直占有重要的地位。在种植业中,各种植物名目繁多、起源各异,其中,关于稻谷的研究与探讨曾一度引起人们的兴趣。

说到"稻谷",就不能不说一下现代家喻户晓的一个人物——袁隆平,袁隆平是世界著名的水稻专家,被誉为"杂交水稻之父"。

20世纪60年代初期,中国正处于严重的自然灾害之中,老百姓忍饥挨饿,苦不堪言。袁隆平目睹了这一切,在责任心和使命感的驱动下,决心从事人工杂交水稻的研究,生产更多的粮食,解决人民的温饱问题。在这个时期,他突破了经典遗传学"自花授粉作物杂交无优势"的理论,开创了水稻杂种优势利用的新领域。在此基础上,20世纪70年代,他提出了杂交水稻"三系"(即不育系、保持系、恢复系)选育和配套的理论和技术路线。20世纪80年代以后,他又致力于两系法亚种间杂交水稻的选育与利用,并取得了新的成就。2011年,由他指导的超级稻亩产成功突破900千克大关。

在袁隆平从事水稻研究的五十多年里,他带领他的研究团队潜心钻研,不断创新,不仅在学术上丰富了水稻遗传育种理论和技术,还在生产实践中育成了不少水稻新品种和新组合,为解决中国人的粮食问题作出了杰出的贡献。据统计,在1976—1998年间,全国共推广应用杂交水稻2.2亿公顷,增产稻谷3亿多吨,这其中,凝聚了以袁隆平为代表的新中国水稻育种家的辛勤汗水和不懈努力。

值得一提的是,目前杂交水稻已经走出中国,走向了全世界,为全人类解决温饱和贫困问题,提供了新的思路和途径,也向全世界展现了中华儿女的聪明才智和敬业精神。

现在,我们再来说说中国古代的稻谷情况。从考古发现来看,新石器时代的古稻,在解放前几乎未发掘出来。新中国成立以后,由于考古学的迅速发展和考古工作者的努力,在全国十几个省、市的新石器时代遗址中,发现了不少古代稻壳、稻秆、炭化稻粒和稻谷痕迹。堆积的体积较大,有的竟达几百立方米。

在几十处新石器时代遗址中,以1973年冬至1974年春发掘的河姆渡遗址出土的稻谷最为重要。在500平方米的发掘范围内,稻谷、稻壳、稻秆、稻叶普遍都有发现,堆积的厚度平均达40—50厘米,局部地方几乎全是谷壳,而且有一些谷壳和稻叶还不失原有的外形,有的稻叶色泽如新,有的甚至连稻谷的秸子还能够识辨出来。如此完好、丰富的新石器时代遗址,在世界上恐怕也是绝无仅有的。据有关专家测定,河姆渡遗址的绝对年代在6700年左右。这就表明,河姆渡遗址出土的稻谷距今已有6700年了。

古稻的栽培丰富了古代农业的内容。河姆渡遗址出土的古稻,不仅是迄今中国发现最早的人工栽培稻,而且也是迄今世界上发现最早的人工栽培稻。它比日本出土的稻谷要早4400百年,比韩国出土的炭化稻谷要早4100百年,比越南、印度尼西亚、菲律宾出土的稻谷要早3200百年,比印度出土的稻谷要早2400百年。可见,中国确确实实是稻谷的故乡。

遥远的新石器时代留下的珍贵遗址中,稻谷的大量出土,对研究籼、粳两大类稻的历史和起源大有裨益。籼、粳在历史上出现的顺序是个尚未理清的带有争议的问题。借助于遗址中出土的稻谷来考察,专家们发现,尽管籼、粳的历史都很长,均在6000年以上,但籼稻比粳稻还早700年。这就历史地说明,中国早在6000年之前就已培育出籼、粳两大类的稻谷,并长期保持其严格的生殖隔离,从中不难看出我国劳动人民的伟大智慧。

古文献中不乏关于野生稻的记载。《山海经·海内经》载:"西南黑水之间……爰有膏菽、膏稻、膏黍、膏稷，百谷自生。"《三国志·吴书·吴主传》记载："黄龙三年，由拳野稻自生。"《南史·梁本纪》曾记载："中大通三年，是秋，吴兴生野稻，饥者赖焉。"这些不同时代的珍贵记录，都同稻谷的生长紧紧相关，对后人研究稻谷的起源有一定的意义。

水稻起源于野生种，这是现代科学做出的结论。中国古稻栽培起源于野生稻。经过一段较长时间的人工培育过程，野生稻才渐渐地脱去"野"性，变成栽培稻谷，这期间贯穿着变异与挑选。从理论上讲，栽培植物的起源地区与驯化地区是有区别的。从众多的新石器时代发现和出土稻谷的地点分布状况来看，长江流域是中国栽培稻的主要驯化地带。而从出土的籼、粳来看，在我国最早驯化出来的水稻类型是籼稻。不管是籼稻还是粳稻，它们的前身都是野生稻，只是由人工长期驯化、栽植培育而逐渐地演化过来。在新石器时代遗址中发现的石镰、石刀、石锄、蚌镰、蚌刀、陶刀等生产工具和大量盛物器皿如陶罐、陶钵以及像河姆渡出现的许多骨制农具等，无疑都是用于栽培植物。考古学家们一般认为，新石器时代距今约有一万余年。可以推断，稻谷的驯化栽培，大概开始于新石器时代的早期。这就表明，稻种从野生到栽培的发展过程至今已逾万年了。

中国是世界栽培稻的起源地之一，这是毫无疑问的。野生稻的广泛分布和大量古文献的记载以及新石器时代出土的许多稻谷，都为这个结论的成立提供了雄辩的历史事实。古稻，闻名于世的中国古稻，在世界农业发展史上已留下了重要的一页，这足以让我们引以为傲。

# 酒的起源与文化色彩

**酒，** 从它诞生的那天起，就与国计民生、与芸芸众生的精神生活息息相关，既给人以物欲与精神的满足，又给社会文化涂抹上多彩的画面。那么，在我国酒是什么时候开始生产的呢？围绕着酒的起源都有哪些故事呢？

我国是酒的故乡，古往今来，有关酒的起源问题，众说不一，其中以"仪狄造酒"说和"杜康造酒"说最为著名，这两说都以《世本》中的记载为佐证。后经《战国策》、《说文解字》等书的润色与宣扬，使两说的地位又得到了巩固。到了宋朝，又出了个窦革作《酒谱》新说，对《世本》的信度提出了怀疑。但是，由于《酒谱》的影响远远比不上《战国策》、《说文解字》，因而无法独领风骚。这样一来，上述造酒之说聚讼难下，并相流传。

在历史留给后人的答案缺乏唯一性的时候，不置可否固然是一种态度，但是最好的方法是用缜密的思考去挖掘最能反映实际的命题。据有关专家考证，《世本》的身份不明，出于何人之手已无法考证。原本早已不知去向，遗存的清代《世本》辑本就有近十种，且内容不甚吻合，很难判定哪个本子与原本一致，因而不能不对它记载的可靠性提出怀疑。另外，《世本》中关于酒的起源的说法有很多，掺杂着著书人的许多想象成份。其实，在远古的时候不可能出现一人一物或一人多物的发明家，许多发明都是由先人们在长期的实践中摸索与积累而获得的，应算是"集体智慧的结晶"。基于这样的一种思考，有关专家断言，窦革的见解大体上是正确的，无法找到一个酒的造物主来，"仪狄"、"杜康"皆为《世本》作者想象中的人物。

在我国，酒的产生主要有两个源头，一是原始的祭祀，一是原始人对天然酒的利用和认识,两个源头汇集在一起就逐渐产生了造酒技术。据《礼记·礼运》记载,还在野蛮时代,人们燔黍捭豚、汙尊抔饮、茹毛饮血时,就开始祭天敬神了,即有"礼"了,而礼"始诸饮食";衣食文化发展使祭祀文化也跟着发展,整套礼制就渐次产生,森严的伦理体系逐渐地奠立起来。酒作为一种祭品,正是在祭祀活动中孕育起来并经许多阶段的演化而日渐成熟,初为"玄酒",后依次为醴、醆、醍、澄。这些酒和类酒物,按照各自问世的前后和发育程度的高低,在祭祀时,陈设在祭祀场所的不同位置上,最古老的"玄酒"放在最重要的地方,即"在室";最迟出现、已成正式酒的"澄"放在最不重要的地方,即"在下"。"玄酒"缘何被引为祭品的呢?唐有"太古无酒,用水行礼,后王重古,故尊为'玄酒'"的记载。孔颖达《礼记·礼运》疏中说:"'玄酒'谓水也,以其色黑谓之玄而大。古无玄酒,此水当酒所用,故谓之玄酒。"至周朝时,酒的家族已兴盛起来,尽管有了质量较高的酒,但玄酒仍用做"行礼",原因就在于"重古"、"怀古",借重其"玄而大"的神秘色调以达到统治者所期望的"尊有玄酒,教民不免本"的目的。

因为存在着原始的祭祀,人们对酒的功能认识更为深刻。随着天然果酒的发现与利用,先祖们经过不倦的躬行、尝试、积累,终于摸索出了人工果酒的酿造技术。据有关史料考证,这一发明是在6000年前的新石器中期即仰韶文化时期出现的。有了这艰难而关键的第一步,就会有如愿以偿的第二步。在原始祭祀日盛不衰,人们对酒类嗜好渐长的背景下,特别是在农业发展、粮食增多的条件下,先祖们作为以粮食替代了水果,将酿果酒的单发酵技术即"酒化"发展成双发酵的复杂工艺即先"糖化"再"酒化"。至此,真正意义上的酒就"发明"成功了。尽管如此,粮食经双发酵酿成酒的工艺十分复杂,其过程又分成很多的小阶段,每个阶段中处于化学作用状态的类酒物互存区别,酒化程度有深浅的不同,因此便有《礼记·礼运》中所载的醴、醆、醍、澄和《周礼·天官·酒正》中所记载的泛齐、醴齐、盎齐、醍齐、沈齐等"五齐"。"澄"和"沈齐"相当,都已完成了酒化的全过程,是真正的酒了。从酒的演进过程来看,其酿造技术的获得,并非某一"智者"的偶然发现,也不是某先贤的先觉或灵感,这一发明是原始社会的先祖历经无数次的寒暑更迭屡屡实践的产物。

一次次考古发掘,一件件先人遗物,使我们在历史的沉积中找到了某种推测的依据或佐证。新石器中期仰韶文化遗址中出土的一些小型陶制容器,被专家们认定是最早的酒器,它表明,在这个历史界限内至少有了酒的某种前身或早期状态。新石器文化的主要代表大汶口——龙山文化期遗址中,出土了大量遗物,其中占比例较大的是形制各异、大小不等的陶制酒器,如尊、杯、壶等,这表明当时酒器的制造有了一个很大的发展,酿酒已跨入了较成熟的阶段。

酿造业的发展,带动了充满魅力的酒文化的发展。生活中不可缺少或不愿缺少的祭祀或饮酒,扩大了对酒器的需求,进而促进了酒器制造技艺的改进与提高。各种各样的酒器成为陶器的主要部分。进入夏朝以后,祭祀和饮享用酒的数量愈来愈大。在神人皆需的外力需求刺激下,酒业和酒文化得到迅猛发展,而其中的决定因素在于人的饮酒需求。"酒池肉林"之说,既反映了商纣王的奢靡腐朽、暴饮无度,也表明了酒业兴盛的历史事实。

在人类历史进入阶级社会以后,酿酒业已成为一个独立的经济部门,酒类渗透到经济、文化的深层,与统治者的利害越来越密切地联系在一起。高高在上的大小统治者,把权力网撒到了酒业和酒消耗上,调动国家机器的强制力,加以操纵,建立起了生产、流通、消费的管理制度、管理机构和规章政策即酒政。酒政的产生发展,是受社会生产、政治经济发展水平决定的,它经历了一个从无到有、从粗略到完善的渐进的发展过程。西周是我国古代真正有了较为明确的酒政的第一个朝代。随着酒业的发达,生产量与消费量不断增加,西周设立了专门的管理机构,委托专门的管理人员,分工明确,各尽其职。在当时,已承认酒类买卖合法化,但并没有酒税之征,却采取了抑饮政策,禁止群饮暴饮,打击酗酒败德的行为。周公旦曾颁布了我国历史上的第一个酒政文诰,告诫王室成员和官员不准经常饮酒,诸侯国君也只能在祭祀后适量饮之,以不醉为限。所有的人都不许沉湎于酒,也不应有暇嗜酒。文诰指出:殷代"群庶自酒",不加管束,暴饮成风,"故天降丧于殷",这是咎由自取,吾辈须引以为戒。《酒诰》具有强大的法律效力,若有以身试法者,蔑视禁令,则严惩不贷。这与商代的放纵政策,大相径庭。为了体现"礼以先之,刑以后之"的原则,为了体现严中有宽、宽严结合的政策,西周对商代遗臣众官饮酒成癖者,不用重典,着重于教化,但对"不用我教辞"者,也决不姑息放任。

当历史进入到"多事之秋"的春秋战国时期,酒文化和酒政出现了变幻莫测的状态。在社会大动荡时期,酒也变得不宁静起来,周朝统治者赋予酒的"天威"色彩的神秘面纱被揭了下来,弱化了它的神圣性,人们开始偏重于它满足众生物欲的功能。西周时视群饮、暴饮为堕落,视酗酒、醉酒为败德,经春秋时期的酝酿、降温,到战国时期就改弦易辙了。聚饮成为寻常之事,酒酣、酒醉地地道道成为个人的私事,不受追究与惩处。从"美人既醉,朱颜酡些"到"娱酒不废,沈日夜些",令人想到灯红酒绿、一醉方休、"酒不醉人人自醉"。酒风之事形成了鲜明的导向,豪饮酒醉几为时髦,因酒而酩酊大醉、因醉而荒于政的事屡见不鲜。在齐国,齐威王与淳于髡曾留下了这样一席话。齐威王问:"先生能饮几何酒而醉?"淳于髡答:"臣饮一斗亦醉,一石亦醉。"意思是讲醉与不醉不在于饮酒的数量,而常在于饮酒时的环境,他指出,在心绪不佳、受到约束、闷闷不乐的情形下,饮一斗就会醉;如在放肆、互相激酒时,可喝到一石之多。最后他弹出了弦外之音:"故曰酒极则乱,乐极则悲,万事皆然。言不可极,极之则衰。"在淳于髡的劝谏下,齐威王下决心改掉"淫乐长夜之饮,沉湎不治"的习惯和嗜好,而事实上却不会见到什么大的起色。崇饮、暴饮与治国兴邦似乎成了"风马牛不相及"的事了。酒从"神"的需要终于回归到了人的需要,成为服务于人的实实在在的物质,这不能不算是一种思想的解放。

酒从祭坛上尚未完全走下来,就步入了政坛,在恢复了应有的物性职能的同时,人们又谋划着赋予它一个新的社会职能,在文武同欢与角逐的场合充当新的角色。诸侯结盟、使节往来、宾客迎送、宴庆嘉会,不能缺少酒;谈判交涉、纵横游说、阴谋阳计、常借助于酒。酒在充当不同媒介的同时,创造了可观的经济价值。明代冯时化《酒史》中精练地指出:"古人惟恐人饮酒,后来惟恐人不饮酒。"这种见地,擘(bò)肌分理,极为透彻。如果说春秋战国时期和秦代,酒政并不完善、严密,酿造、流通、消费放任自流,管理制度和征税制度刚有雏形的话,那么,到西汉时期就将酒政提到了新的高度,酒已成为国家的一个不可忽视的税源。

酒,作为一种重要的轻工业产品,在酒政健全的不同历史时代,都发挥出了经济职能。没有酒的生产,人们的物欲需求会遗憾地出现一个空当儿,国家的财政将失去一个强有力的支柱。历览古今,有几个朝代未曾出现兴盛的酒业呢?酒的生产日趋精制,酒的品种日趋繁多,酒的销售量日趋增大,这必然使它在轻工业中占有显赫的地位,其发展前景十分广阔。

可以说,在酒的发展史上,只有尚不确切的起点,没有画上句号的终点。在那属于过去的漫长岁月里,有关酒的故事难以尽述,不同的时代,将会孕育出风格各异的内容,愿人们在挖掘中去感受、去思考……

# 煤炭变奏曲

在能源王国里，煤炭占有极为重要的席位。工业生产离不开它，日常生活也缺不了它。黝黑的煤块蕴含着能量，它的足迹遍及今天世界的各个角落，也留在远古的岁月里。

我国是世界上开采利用煤炭最早的国家。13世纪时，意大利著名的旅游家马可·波罗来到了中国，当他看到我国人民开采煤炭作为燃料时，感到十分好奇和惊讶。回到自己的国度以后，他在《东方见闻录》里饶有兴趣地作了介绍，堪为一大新闻了。其实，这可算是少见多怪，因为那时我国人民开采煤炭的历史已逾千年。

据考古文物记载，在新石器时代晚期和周朝，即发现有用精煤制成的玲珑的工艺品。春秋战国时期，在人们生活取暖用燃料中就有煤炭了，只是数量上还比较稀少。至汉朝，煤矿开始走进生产领域。《汉书·地理志》记载："豫章郡（今江西南昌）出石，可燃为薪"，这种可燃的石指的就是今天的煤。在河南巩县、渑池等地的汉代冶铁遗址中，曾发现过煤渣、煤块和煤饼。因而，可以推断，我国最晚在汉代已开始用煤炭冶铁了。隋唐时期，我国的采煤业进一步发展，民间用煤不再寥寥无几，而成为一种较普遍的现象。到了北宋初期，全国冶铁业分布广泛，共有201处，朝廷派专职官吏管理煤炭的生产与买卖，煤从地下走进了商品市场。汴京（今河南开封）居民把煤炭视为不可缺少的燃料。到了明代，煤炭的应用范围更广，民用和手工业用煤的数量大增，这样就推动了煤炭的开采。当时的科学家宋应星，在《天工开物》中就较详细地介绍了当时的采煤技术。煤炭的名称，在战国时叫"石涅"，三国时叫"石墨"，五代时称为"石炭"，到明朝时正式更名为煤炭，并一直沿袭到今天。我们现在常常听到的一些地名,如铜冶、大冶、北冶、下冶等,都是早年开采煤炭和冶铁留下的名字,因而深深地留下了时代的印记。

有人说,煤块确实没有杨柳那翠绿的身姿,更没有兰花那浓郁的芳香。然而,却有自我牺牲的品格,悄悄地任人使用,燃为灰烬才算尽了天职。这种赞美表现了人们对煤的奉献精神的感动。其实,在我国的古典诗歌中,描述和赞美煤炭的也不乏其篇。宋代大诗人苏东坡在徐州任太守时,曾察看过肖县白土寨的煤炭开采,即兴作了《石炭歌》。该诗从"君不见前年雨雪行人断,城中居民风裂骭"开始,以凝练的笔墨,饱满的激情,描述了开采和使用煤炭的情况,读来朴实、亲切。诗人在最后慷慨地写道:"南山栗林渐可息,北山顽矿何劳锻。为君铸就百炼刀,要斩长鲸为万段。"采掘到丰富的煤炭,南山的栗林就可以免受砍伐了。用煤做冶铁燃料,也促使冶炼、铸造技术的提高。这首鲜为人知的诗,其价值主要不在于文辞的表述,更有意义的是,那写实的内容对研究我国煤炭开采历史的某种启示。

早在西周时期,作为当时全国政治、经济中心的陕西地区,煤炭已经被开采利用。隋、唐至元代,煤炭开发更为普遍,用途更加广泛,冶金、陶瓷等行业均以煤作燃料,煤炭成了市场上的主要商品,地位日益重要,人们对煤的认识更加深化。特别应该指出的是,唐代用煤炼焦开始萌芽,到宋代,炼焦技术已臻成熟。1978年秋和1979年冬,山西考古研究所曾在山西省稷山县马村金代砖墓中发掘出大量焦炭。1957年冬至1958年4月,河北省文化局文物工作队在河北峰峰矿区的砚台镇发掘出3座宋元时期的炼焦炉遗址。焦炭的出现和炼焦技术的发明,标志着煤炭的加工利用已进入了一个崭新的阶段。

从明朝到清道光二十年(1840年)的数百年时间里,封建统治者比较重视煤炭的开发,对发展煤炭生产采取了一些措施,矿业管理政策也发生了某些利于煤业的变化,煤炭行业的各个环节,比以前都有较大的进步。煤炭开发技术得到了发展,形成了丰富多彩的中国古代煤炭科学技术。尽管当时都是手工作业煤窑,但因其开采利用早于其他国家,因此,17世纪以前,中国煤炭技术和管理许多方面都处于世界领先地位,这是值得我们自豪的。但是,日益衰败腐朽的封建制度终于阻碍了古代煤业的继续前进,这就导致了中国近代煤矿的诞生。

我国最早的近代煤矿是台湾的基隆煤矿和河北的开平煤矿。

在绵延几千年的封建社会里,我国的采矿技术不仅未登上遥遥领先的尊位,而且长期处于滞后的状态。据资料记载,到1878年,由外资经办的开滦煤矿开始使用采煤新法,但也不过是用蒸汽做提升、排水的动力,井下依旧要靠人力运输,落垛式采煤。直到解放以后,煤矿的面貌发生了根本的变化,遍布各地的煤矿逐步实现提升、运输、排水机械化,变落垛式采煤为长壁式采煤,变手镐落煤为机械采煤。现在又注重向皮带化、自动化普及方向迈进,并辅之以法制,制定了一系列必要的开采法规和安全规程,充分保障煤矿工人的切身利益。煤炭工业突飞猛进,煤炭的产量已由解放前的2000多万吨,增长到6亿多吨,我国已成为名副其实的煤炭大国。现已探明的储量就高达6000亿吨。煤在我国能源构成中占70%左右,国家早就决定了把煤炭作为我国的第一能源。

煤炭,从远古的岁月里走来,在经济建设的主战场上肩负着重要的使命。蒸汽机车离不开这一忠实的伙伴,火力发电缺不了这一重要的能源,冶铁炼钢同样需要它来大显身手。有人说铁路是煤矿和钢铁工业的总结,这不失为一种灼见。革命的先行者孙中山把采矿业视为"工业之根",认为"矿业产原料以供机器","如无矿业,则机器无从成立;无机器,则近代工业之足以转移人类经济之状况者,亦无从发达"。生产力的进步,固然要通过生产工具的改进体现出来,但是,作为默默无闻的各种劳动对象,对生产工具效用的发挥,对生产力的发展会产生不可低估的影响。随着科技的不断进步,煤炭这一宝藏会找到更大的用武之地,在经济建设中会越来越发挥出更大的作用。

# 钢铁冶炼与生产工具的改进

钢铁的用途是广泛的,在我们的生产和生活中几乎随处可见。经济发展的历史,记述了钢铁发明与冶炼的历史,生产力水平的提高,从某种意义上来说,要依靠钢铁冶炼技术的进步。没有钢铁,就生产不出先进的生产工具来,就很难使生产力摆脱落后的局面,也很难使社会经济面貌发生可喜的改观。

铁的发现和开始使用是在商代。西周晚期,铁已成为常见的东西。铁器使用范围的扩大,成为春秋战国时期社会生产力发展的标志。当时,人们找矿、采矿的知识已较丰富。有记载说,山上发现赭色,下面有铁。还说,出铁的山有 3609 个。今山东临淄的冶铁遗址,广达十数万平方米。在今湖北大冶铜绿山的采矿遗址,有井巷支架,相当完整,还有运输、排风、排水等设施。采下的矿石在矿井下初选后,用辘轳逐级提升。

冶铁的历史是漫长的,其过程是复杂而艰辛的。前人通常是在较低的温度下,用木炭还原铁矿石得到块炼铁的。块炼铁是一种海绵状的熟铁块,炼完后将铁块取出,炉膛要受破坏,不能连续地进行操作,这样无疑会降低生产效率,制约生产规模。同时,由于铁块中含有混杂物,且含碳量低、质地软,因而不易用来制造形状复杂的器物。生铁通常是在 1150—1300℃ 的温度下冶炼出来的,产品呈液状从炉中淌出,可连续生产,可浇铸成型,杂物少,含碳量较高,质地硬脆,这就比较适合铸造生产工具。从块炼铁发展到生铁,可谓是冶铁技术上的一个重大突破。

我国的人工冶铁起步并不算早,但是与其他文明较早的国家相比,有得天独厚的条件,商周两代高度发达的青铜冶铸技术,为我国生铁的冶炼提供了借鉴,这就使我国首先步入了生铁冶炼技术的殿堂。走在世界经济发展前列的欧洲地中海沿岸的一些国家,在公元前14世纪时已开始冶铁,但直到公元14世纪才应用生铁,算起来比我国晚1900多年。我国的冶铁技术纳入正轨之后,较长时期居于世界领先地位。

在铁的家族中,特性有较大差异,生铁可分为白口生铁、麻口生铁和灰口生铁3种。一般生铁如果不含硅或含硅量较低,或者含碳量较低,绝大部分由碳化铁构成,切面就呈白色,称为白口生铁或白口铁。白口铁又硬又脆,利弊相参,虽坚固耐磨,但不适于制造需要强度和韧性的工具。这对生产工具的发展会产生障碍。我国劳动人民经过积年累月的实践,在春秋战国时代又创造了铸铁柔化术,将白口生铁进行必要的退火处理,使碳化铁分解出石墨(碳的一种结晶体),变成可锻铸铁。可锻铸铁大体分为两种,断面呈亮白色的叫白心可锻铸铁,有较好的耐冲击性;断面是深灰色或黑色的叫黑心可锻铸铁,有较高的硬度与强度,应用于生产领域可发挥出较大的效用。

据史料记载,在春秋中期,齐国已在使用铁制农具。战国时期,常用的铁制农具有犁、镬、锄、铲、镰等;常用的铁制手工业工具有斧、削、锯、锥、锤、凿等;妇女们用的铁制工具有针、刀等。

铁制农具的问世及应用,使在农业上比较广泛地使用牲畜成为必要。春秋时期用牛拉铁犁耕田,已习以为常。战国时期还有用马耕的。铁耕和牛耕,是精耕细作的有效途径,对发展农业生产起了极其重要的作用。

铁制工具的诞生及改进,也促进了水利工程的兴修。历史上哪一个有名的水利工程不依靠或得益于铁制工具的应用啊!没有这个必要的物质条件,劈山凿石会障碍重重,开渠挖河将荆棘载途、难以如愿。

冶铁技术的进步与炼钢技术的发展,两者之间存在着不可分割的内在联系,在金属群中钢与铁的关系算是较直系的了。同冶铁技术相关,我国的炼钢技术在历史上也并不落后。湖南长沙杨家山出土的一把春秋晚期的钢剑,是我国现存最早的钢制品,它的材料十有八九来自于块炼钢。春秋晚期，我国的工匠就是将含碳量接近熟铁的块炼铁，放在炭火中加热渗碳，并反复折叠锻打，挤出夹杂物，得到块炼渗碳钢（简称块炼钢）。这恐怕是最原始的钢了。有的则选用优质块炼铁，配合定量的渗碳剂和催化剂，密封加热渗碳，炼出优质的块炼钢。春秋晚期及战国、秦汉的一些著名的宝剑，其母体都是这种优质的块炼钢，没有过硬的好的材料，想必不会有各种名剑的问世。

　　炼钢法是在劳动人民生产实践的基础上，不断发展、完善的。西汉时期，在铸铁柔化术的基础上发明了铸铁脱碳钢。它是将生铁铸件加热到一定程度，保温一段时间，再让它缓慢冷却，使其含碳量降低到钢的成分限界内，而又不析出或很少析出石墨，从而变成钢件。这是变铁为钢的较简便的方法。在这种方法的基础上，又有了炒钢的诞生。它是把生铁加热熔化，成为液态或半液态，之后渗入矿石粉，并不断进行搅拌，使之脱碳成钢。在河南巩县铁生沟汉代冶铁遗址中，曾出土过一座西汉后期的炒钢炉，由此推断，这项技术的发明不会晚于西汉后期。在炒钢的历史档案中，欧洲上溯到 1780 年，相比之下，要比我国晚 1800 多年。

　　在我国早期炼钢技术中，成绩最突出的是灌钢法。在 1740 年坩埚炼钢法发明以前，世界上众多的国家一般都采用熟铁低温冶炼的方法，这种方法，钢铁不能熔化，铁和渣不易分离，碳分不能迅速渗入。我国发明的灌钢法，将生铁和熟铁一起加热，让先熔化的生铁液灌入疏松的熟铁的空隙中，使熟铁增加碳分变成钢材，从而攻克了这个难题。灌钢法发明的历史年代据推断是在西晋时期，因为南朝的资料就有了有关的记载。灌钢法的应用，大大提高了钢的产量和质量，为隋唐之后生产力的迅速发展提供了重要的物质条件。到宋代时改进了这种方法，将生铁片嵌在盘绕的熟铁条中间，用泥巴将炼钢炉密封起来，进行烧炼，收到了更好的效果。到明代中期以后，灌钢法有了长足发展，演化为苏钢法。苏钢法以熟铁为料铁，置于炉中，而把生铁板放在炉口，当炉温升到 1300℃左右，生铁板开始熔化时，即用火钳夹住生铁板左右移动，并将料铁不断地翻动,使滴下的生铁液均匀地淋到料铁上。这样,渗碳作用明显,氧化作用剧烈,铁和渣便于分离,进而炼出质量较高的钢材。

如果说石油是工业的血液的话,那么钢铁就可以称为工业的脊梁。没有钢铁,就形不成大工业。从生铁冶炼术到灌钢法,足可见我国古代钢铁冶炼技术的进步。在16世纪以前,我国的炼钢技术长期居于世界领先地位,受到了各国的普遍赞扬。这令我们感到自豪的昨日的辉煌,无疑将成为鞭策、勉励后人的一种力量。

# 夏商周——中国青铜时代

青铜器是由青铜（红铜和锡的合金）制成的各种器具，诞生于人类文明的青铜时代。由于青铜器在世界各地均有出现，所以也是一种世界性文明的象征。最早的青铜器出现于约 5000 年到 6000 年间的西亚两河流域地区。苏美尔文明时期的雕有狮子形象的大型铜刀是早期青铜器的代表。青铜器在 2000 多年前逐渐被铁器所取代。中国青铜器制作精美，在世界各地青铜器中堪称艺术价值最高。中国青铜器代表着中国在先秦时期高超的技术与文化。

青铜器简称"铜器"，包括炊器、食器、酒器、水器、乐器、车马饰、铜镜、带钩、兵器、工具和度量衡器等。流行于新石器时代晚期至秦汉时代，以商周器物最为精美。最初出现的是小型工具或饰物。夏代始有青铜容器和兵器。商中期，青铜器品种已很丰富，并出现了铭文和精细的花纹。商晚期至西周早期，是青铜器发展的鼎盛时期，器型多种多样，浑厚凝重，铭文逐渐加长，花纹繁缛富丽。随后，青铜器胎体开始变薄，纹饰逐渐简化。春秋晚期至战国，由于铁器的推广使用，铜制工具越来越少。秦汉时期，随着瓷器和漆器进入日常生活，铜制容器品种减少，装饰简单，多为素面，胎体也更为轻薄。中国古代铜器，是我们的祖先对人类物质文明的巨大贡献，虽然从目前的考古资料来看，中国铜器的出现，晚于世界上其他一些地方，但是就铜器的使用规模、铸造工艺、造型艺术及品种而言，世界上没有一个地方的铜器可以与中国古代铜器相比拟。这也是中国古代铜器在世界艺术史上占有独特地位并引起普遍重视的原因之一。

青铜器的颜色真正做出来的时候是很漂亮的，是黄金般的土黄色，因为埋在土里生锈才一点一点变成绿色的。因为青铜器完全是由手工制造，所以没有任何两件是一模一样的，每一件都是独一无二、举世无双的。

随着原始社会的发展，鼎由最初的烧煮食物的炊具逐步演变为一种礼器，成为权力与财富的象征。鼎的多少，反映了地位的高低；鼎的轻重，标志着权力的大小。在商周时期，中国的青铜器形成了独特的造型系列：容器、乐器、兵器、车马器等等。青铜器上布满了饕餮（tāo tiè）纹、夔纹或人形与兽面结合的纹饰，形成神灵的图纹，反映了人类从原始的愚昧状态向文明的一种过渡。

一般把中国青铜器文化的发展划分为三大阶段，即形成期、鼎盛期和转变期。

形成期距今 4800—4000 年，相当于尧舜禹传说时代。古文献上记载当时人们已开始冶铸青铜器。黄河、长江中下游地区的龙山时代遗址里，经考古发掘，在几十处遗址里发现了青铜器制品。

鼎盛期即中国青铜器时代，包括夏、商、西周、春秋及战国早期，延续时间 1600 余年。这个时期的青铜器主要分为礼器、乐器、兵器及杂器。乐器也主要用在宗庙祭祀活动中。

转变时期一般指战国末年至秦汉末年这一时期。这一时期传统的礼仪制度已彻底瓦解，铁制品已广泛使用。到了东汉末年，陶瓷器得到较大发展，把日用青铜器皿进一步从生活中排挤出去。至于兵器、工具等方面,这时铁器早已占了主导地位。隋唐时期的铜器主要是各类精美的铜镜,一般均有各种铭文。自此以后,青铜器除了铜镜外,可以说不再有什么发展了。

在古人心目(古代文献)中,青铜器有两种基本功能或用途,一是"纳(内)、入",即盛装物件;一是"设",即陈设布列。《礼记·礼器》说得很明确:"三牲鱼腊,四海九州之美味;笾豆之荐,四时之和气也;内金,示和也。束帛加璧,尊德也;龟为前列,先知也;金次之,见情也。"郑玄注:"金炤物,金有两义,先入后设。"纳是青铜器的第一位的基本功用,而纳的基本目的是"示和"。所纳对象即古文献所谓"实物(所实之物)",就是上面所说"三牲鱼腊","四时之和气"之属,实际就是牺牲(肉食)、黍稷(主食)以及酒醴之类祖先生前生活必需品。而其主要就是把诸如此类分别纳入鼎、簋(guǐ)、尊、彝等各类器物中,然后作以调和以供祭祀祖先之用。《说文》说:"鼎,和五味之宝器。"《吕氏春秋·本味》记载伊尹"负鼎俎,以滋味说汤,致于王道"。《国语·郑语》记载史伯说:"夫和生实物……以他平他谓之和,故能丰长而物归之……是以和五味以调口,刚四肢以卫体。"《左传·昭公二十年》记载晏婴说:"和如羹焉,水、火、醯、盐、梅,以烹鱼肉。燀之以薪,宰夫和之,齐之以味。济其不及,以泄其过。……先王之济五味,和五声也,以平其心,成其政也。"这些都在申明用青铜器调剂容物,"和五味"以"示和"的基本意思。其调和方法就是"济其不及,以泄其过",而最终目的则在于和人心,"成其政"。

以金示和还有另一层或者说更深一层的意义,这就是"炤物"或"象物"示和。《左传·宣公三年》说:"铸鼎象物,百物而为之备,使民知神奸……用能协于上下,以承天休。"原来铸鼎不仅用来盛装和调剂牺牲等给祖先奉献的礼物，还有一个重要作用是"象物"，也就是在铜器外表刻画"物"的图像。通常所说铜器花纹实质就是图物象物。

那"物"是什么呢？答案其实非常简明。"物者，方物、神物也"。"物"也就是人们所崇拜的神灵，或者视之为自己祖先所由来的神物，类似于西方所谓"图腾"。当年傅斯年先生在其《跋陈摭君春秋公矢鱼于棠说》首次发明"物即图腾"，可谓真知灼见。其实先秦文献所见诸多"物"字，很多都可以这样来理解。如《尚书·旅獒》"毕献方物"；《诗经·大雅·生民》"有物有则"；《左传》中《隐公五年》"取材以章物采"，《桓公二年》"五色比象，昭其物"，《宣公十二年》"百官象物而动"；《国语》中《周语》"服物昭庸"，《楚语》"民神杂糅，不可方物"；以及《周礼》中《春官·大宗伯》"以疈（pì）辜祭四方百物"；《大司乐》"六变而致象物及天神"等等。

# 著名鼎尊

## 龙虎尊

龙虎尊1957年出土于安徽阜南。器高50.5厘米，口径44.9厘米，重约20千克，是一件具有喇叭形口沿、宽折肩、深腹、圈足，体形较高大的盛酒器。龙虎尊的肩部饰以三条蜿蜒向前的龙，龙头突出肩外。腹部纹饰为一个虎头两个虎身，虎口之下有一人形，人头衔于虎口之中；虎身下方以扉棱为界，饰两夔龙相对组成的兽面。圈足上部有弦纹，并开有十字形镂孔。龙虎尊纹饰的主题是"虎口衔人"。关于这一主题，有人认为：在这里，"人"应是那些奴隶，"虎口衔人"反映奴隶社会的残酷、恐怖。对于这种传统的解释，另外一些考古学家则提出质疑，他们认为这应该是在表现一种巫术主题。青铜器在当时是十分重要的礼器，这样的纹饰应是巫师作法的情景纪实。张开的虎口在古代是分割生死两界的象征，虎口下的人很可能就是巫师,巫师在祭祀中通过老虎的帮助而表现出一种能够通天地、感鬼神的能力。"虎口衔人"这一图案的含义究竟是什么,我们还不能作出精确的解释,但在当时一定是和某种神话和宗教信仰相联系的,在祭祀活动中具有十分重要的意义。此尊是商代青铜器中与四羊方尊齐名的珍品。

## 鸮 尊

鸮,俗称猫头鹰。在西周以前,鸮是人们最喜爱和崇拜的神鸟。鸮的形象是古代艺术品经常采用的原形。商代的许多玉器、石器、陶器、青铜器中,都有精美的鸮形。此鸮尊即是商代鸟兽形青铜器中的精品。

鸮尊1976年出土于河南安阳殷墟妇好墓,属商代后期青铜器物,原器为一对两只,铸于商代后期。原器高45.9厘米,外形从整体上看,为一只昂首挺胸的猫头鹰。通体饰以纹饰,富丽精细。喙、胸部纹饰为蝉纹;鸮颈两侧为夔纹;翅两边各饰以蛇纹;尾上部有一展翅欲飞的鸮鸟,整个尊是平面和立体的完美结合。

尊口内侧有铭文"妇好"二字。"妇好"应是商王武丁之妻。据殷墟甲骨文记载,妇好是一位能干、有魄力的女子。她曾参与国家大事,主持祭祀,还带兵征伐过羌、土方等国家,颇具传奇色彩。鸮尊原物现存于中国国家博物馆。

## 四羊方尊

四羊方尊,商朝晚期偏早青铜器,属于礼器,为祭祀用品,是中国现存商代青铜器中最大的方尊。器高58.3厘米,重近34.5千克,1938年出土于湖南宁乡县黄村月山铺转耳仑的山腰上。现藏于中国国家博物馆。

四羊方尊器身方形,方口,大沿,颈饰口沿外移,每边边长为52.4厘米,其边长几乎接近器身58.3厘米的高度。长颈,高圈足。颈部高耸,四边上装饰有蕉叶纹、三角夔纹和兽面纹。尊的中部是器的重心所在,肩部四角是四个卷角羊头,羊头与羊颈伸出于器外,羊身与羊腿附着于尊腹部及圈足上。尊腹即为羊的前胸,羊腿则附于圈足上,承担着尊体的重量。羊的前胸及颈背部饰鳞纹,两侧饰有美丽的长冠凤纹,圈足上是夔纹。方尊肩饰高浮雕蛇身而有爪的龙纹,尊四面正中即两羊比邻处,各有一双角龙首探出器表,从方尊每边右肩蜿蜒于前。全体饰有细雷纹。器四角和四面中心线合范处均设计成长棱脊,其作用是以此来掩盖合范时可能产生的对合不正的纹饰。

据考古学者分析,四羊方尊是用两次分铸技术铸造的,即先将羊角与龙头单个铸好,然后将其分别配置在外范内,再进行整体浇铸。整个器物用块范法浇铸,一气呵成,鬼斧神工,显示了高超的铸造水平。四羊方尊集线雕、浮雕、圆雕于一器,把平面纹饰与立体雕塑融会贯通,把器皿和动物形状完美地结合起来,是用异常高超的铸造工艺制成的。在商代的青铜方尊中,此器形体的端庄典雅是无与伦比的。此尊造型简洁、优美、雄奇,寓动于静,被称为"臻于极致的青铜典范"。

## 司母戊鼎

司母戊鼎是中国商代后期(约公元前 16 世纪至公元前 11 世纪)王室祭祀用的青铜方鼎,1939 年 3 月 19 日在河南省安阳市武官村一家农户的田地中出土,因其腹部著有"司母戊"三字而得名,现藏中国国家博物馆。

司母戊鼎器型高大厚重,又称司母戊大方鼎,高 133 厘米,口长 110 厘米,口宽 79 厘米,重 832.84 千克。鼎腹长方形,上竖两只直耳(发现时仅剩一耳,另一耳是后来据现存一耳复制补上的),下有四根圆柱形鼎足,是中国目前已发现的最重的青铜器。该鼎是商王祖庚或祖甲为祭祀其母所铸。

## 毛公鼎

毛公鼎为西周晚期青铜器物,道光末年出土于陕西省宝鸡市岐山县,由作器人毛公得名。

毛公鼎直耳,半球腹,矮短的兽蹄形足,口沿饰环带状的重环纹。铭文32行499字,是现存最长的铭文。铭文共五段:其一,此时局势不宁;其二,宣王命毛公治理邦家内外;其三,给毛公予宣示王命之专权,着重申明未经毛公同意之命令,毛公可预示臣工不予奉行;其四,告诫勉励之词;其五,赏赐与对扬。这是研究西周晚年政治史的重要史料。

中国青铜器不但数量多,而且造型丰富、品种繁多。有酒器、食器、水器、乐器、兵器、农具与工具、车马器、生活用具、货币、玺印,等等。单在酒器类中又有爵、角、觯、斝(jiǎ)、尊、壶、卣(yǒu)、方彝、觥、罍(léi)、盉、勺、禁等20多个器种,而每一个器种在每个时代都呈现不同的风采,同一时代的同一器种的式样也多姿多彩,而不同地区的青铜器也有所差异,犹如百花齐放,五彩缤纷,因而使青铜器具有很高的观赏价值。而从文物鉴定的角度来说,无疑增加了鉴定的难度,鉴定难度大,反过来又使研究赏析更富有情趣,青铜器也更具有吸引力。

# China 的另一个含义——陶瓷

陶瓷是陶器和瓷器的总称。中国制陶技艺的产生可追溯到旧石器晚期,可以说,中华民族发展史中的一个重要组成部分是陶瓷发展史;中国人在科学技术上的成果以及对美的追求与塑造,在许多方面都是通过陶瓷制作来体现的,并形成各时代非常典型的技术与艺术特征。

早在欧洲掌握制瓷技术之前1000多年,中国已能制造出相当精美的瓷器。从我国陶瓷发展史来看,一般是把"陶瓷"这个名词一分为二,为陶和瓷两大类。中国传统陶瓷的发展,经历过一个相当漫长的历史时期,种类繁杂,工艺特殊,所以,对中国传统陶瓷的分类除考虑技术上的硬性指标外,还需要综合考虑历来传统的习惯分类方法,结合古今科技认识上的变化,才能更为有效地得出归类结论。

从传说中的黄帝尧舜及至夏朝(约公元前21世纪—公元前16世纪),是以彩陶来标志其发展的。其中有较为典型的仰韶文化以及在甘肃发现的稍晚的马家窑与齐家文化等等;解放后在西安半坡史前遗址出土了大量制作精美的彩陶器,令人叹为观止。相传尧传天下于舜,舜传天下于夏禹,禹则传给其子,开始了所谓的"家天下"。夏传至桀,暴虐无道,商汤将之放逐,自立为帝,所以以征讨得天下者,自汤开始。商得天下后统治达600余年(约公元前16世纪—公元前11世纪前后),一直到纣王。后被武王征伐,纣王自杀,于是天下归于周。周朝的统治时期大致在公元前11世纪至公元前221年,事实上的有效统治在公元前771年就已结束。公元前475年—公元前221年称为战国时期,至公元前221年,秦国吞并六国,大一统之中国开始,但秦王朝只持续到公前206年,就被汉朝所取代。在这千数百年间,除日用餐饮器皿之外,祭祀礼仪所用之物也大为发展。

从公元前 206 年至公元 220 年之间的汉朝,艺术家和工匠们的创作材料不再以玉器和金属为主,陶器受到了更为确切的重视。在这一时期,烧造技艺有所发展,较为坚致的釉陶普遍出现,汉字中开始出现"瓷"字。同时,通过新疆、波斯至叙利亚的通商路线,中国与罗马帝国开始交往,促使东西方文化往来交流,从这一时期的陶瓷器物中也可以看出外来影响的端倪。佛教也至此时传入我国。

三国两晋南北朝时期(220—581 年),迅速兴起的佛教艺术对陶瓷也产生了相应的影响,在作品造型上留有明显痕迹。581 年隋朝结束了长期的南北分裂局面,但它只统治到 618 年就被唐所取代。

唐代(618—907 年)被认为是中国艺术史上的一个伟大时期。陶瓷的工艺技术改进巨大,许多精细瓷器品种大量出现,即使用当今的技术鉴测标准来衡量,它们也算得上是真正的优质瓷器。唐末大乱,英雄竞起,接踵而来的是一个朝代争夺局面,即五代十国,这种局面一直持续到 960 年。连年战乱中却出现了一个陶瓷新品种——柴窑瓷,质地之优被广为传颂,但传世者极为罕见。

陶瓷业至宋代(960—1279 年)得到了蓬勃发展,并开始对欧洲及南洋诸国大量输出。以钧、汝、官、哥、定为代表的众多有各自特色的名窑在全国各地兴起,品种日趋丰富。由于东北的契丹族(辽)和女真族(金)的入侵,宋的统治者被迫南迁,再后则被蒙古族所灭。1279 年,元朝建立,枢府窑出现,景德镇开始成为中国陶瓷产业中心,其名声远扬世界各地。

明朝统治从 1368 年开始,直到 1644 年。这一时期,景德镇的陶瓷制造业在世界上是最好的,在工艺技术和艺术水平上独占突出地位,尤其是青花瓷达到了登峰造极的地步。此外,福建的德化窑、浙江的龙泉窑、河北的磁州窑也都以各自风格迥异的优质陶瓷蜚声于世。

随着明朝最后一个皇帝的自杀身亡,1644 年李自成率领农民起义军攻入北京。从吴三桂召满清大军入关到1911年清室覆灭，满清统治共200余年。其中康熙、雍正、乾隆三代被认为是整个清朝统治下陶瓷业最为辉煌的时期，工艺技术较为复杂的产品多有出现，各种颜色釉及釉上彩异常丰富。到清代晚期，政府腐败，国运衰落，人民贫困，中国的陶瓷制造业日趋退化。

民国成立以后，各地相继成立了一些陶瓷研究机构，但产品除沿袭前代以外，就是简单照搬一些外国的设计，毫无发展可言。民国初，军阀袁世凯企图复辟帝制，曾特制了一批"洪宪"年号款识的瓷器，这批瓷器在技术上不可谓不精，以粉彩为主，风格老旧。由于内战频仍，外国入侵，民不聊生，整个陶瓷工业也全面败落，直到新中国建立以前，未出现过让世人瞩目的产品。

# 从雕版印刷到活字印刷

在远古时期,世界各民族的知识传授主要是通过口耳相传和辗转抄写,非常容易失传或出现讹误。印刷术的发明改变了这种状况,使得人类文化成果的广泛传播和完好保存成为可能。正是在这个意义上,它享有"文明之母"的美称。

印刷术最早出现于中国,经历了雕版印刷和活字印刷两个阶段。在近代以前的大部分时间里,中国人习惯使用雕版印刷。其方法,一般是将纹质细密坚实的木材锯板刨平,在薄而透明的绵纸上写好文字,字面向下对贴到木板上,用刻刀按反面的字形将字刻出,即成为书版。在书版上刷墨,然后以纸覆盖匀拭,使文字印到纸上成为正字,揭下来,就成为印刷品。这种通过压印获取字迹的方法萌芽很早。殷商甲骨文中已出现"印"字,以下历代都有镌刻反文的印章。秦朝规定皇帝所用印章称玺,上刻"受命于天,既寿永昌"八字。东晋道学者葛洪提到一种称为"黄神越章之印"的辟邪印符,"广四寸,其字一百二十"(《抱朴子·内篇·登涉》),这已有接近雕版的趋势了。另外,东汉灵帝熹平年间曾经雕刻"石经",将官方确认的儒家经书定本刻石立碑,读者可通过拓印的方法将经书内容复制到纸上,这与印刷术原理也是相通的。

但雕版印刷究竟始于何时,却是一个比较复杂的问题。据张秀民先生统计,曾出现过汉朝、东晋、南北朝、隋朝、唐朝、五代、北宋七种说法。通过文字、实物材料的发现和考辨,目前唐朝说已为绝大多数学者所接受。至于具体时间段,仍然有不同的观点。如张秀民先生主张唐初贞观十年(636年)已有雕版印刷;宿白先生认为雕版印刷的开始"有可能在唐玄宗时代";肖东发的《中国图书出版印刷史论》则又提出"雕版印刷术产生于隋至初唐之际"。大致而言,雕版印刷原理是在署押印章、拓印石经的启发下,随着造纸、制墨技术的发展,逐渐被人们所认识并加以应用的,可能很难找到非常准确、具体的发明时间。

唐朝后期,雕版印刷术在民间的应用逐渐广泛。穆宗时,元稹作《白氏长庆集》序,称白居易诗风行社会,"至于缮写模勒,街卖于市井",并注云"扬、越间多作书模勒乐天(白居易)及予(元稹)杂诗,卖于市肆之中也"(《元稹集》卷五一)。当时民间多私自雕版印制历书,在四川、淮南等地,官方历书尚未颁布,私印者已大量贩卖于市,故文宗大和九年(835年)专门下令予以禁止。佛教印刷品也很流行,包括佛像、经咒、发愿文等等。20世纪初,在敦煌莫高窟发现唐懿宗咸通九年(868年)王玠为父母祈福而出资刻印的《金刚经》(现藏于英国伦敦博物馆),卷长488厘米,高76.3厘米,首印佛像,次刻经文,印刷精美,反映出雕版印刷经长期发展,已经达到了比较高的技术水平。

宋朝的雕版印刷更加发达,有官刻、家刻、坊刻之分。中央、地方官府主持刊印的书称为官刻本。主管教育的国子监,同时也是国家出版机构,下辖国子监书库。"掌印经史群书"(《宋史》卷一六五《职官志五》),除供朝廷颁赐外,同时也向民间出售,利润缴纳国库。开国之初,国子监有书版4000,到真宗景德二年(1005年),仅过了45年,书版已剧增至10万。此外中央崇文院、司天监、秘书监等机构,地方转运、安抚、提刑、茶盐诸司及府、州、军、监、官学,也都大量刻书。宋太祖开宝四年(971年),遣内侍张从信等在四川主持刊刻《大藏经》5048卷,共雕版13万块,史称《开宝藏》或《蜀藏》。士大夫私家或私塾刻书,称为家刻本。家刻本刊刻范围较官刻更广,尤以经史以外的子部、集部书居多。书商开设书坊(或称书肆),刻书销售牟利,所刻书籍为坊刻本。宋朝书坊遍及全国各地,如建安(今属福建)余氏勤有堂(也称万卷堂)、临安(今杭州)陈氏书籍铺,都是世代刻书的老字号。它们通常拥有自己的写工、刻工和印工,其刻书或是接受委托,或自行编撰,具有名目新、刻印快、行销广的特点,对推动社会文化的繁荣作出了重大贡献。随着刻书业的发展,书商往往将经过精心校勘的私家或其他书坊刻本私自"盗版"翻刻获利,因此一些精刻本刊行时还曾呈准官府,颁布保护版权、禁止翻刻的命令。

雕版印刷每印一书,就要专门雕刻此书的书版,费工费时,且保存书版要占用大量空间,颇多不便。因此在北宋仁宗庆历年间,平民毕昇发明了更先进的活字印刷术。据沈括《梦溪笔谈》卷一八《技艺》记载,毕昇用胶泥制坯,一坯刻一字,用火烧硬,成为字印。在铁板上敷设松脂、蜡、纸灰合成的黏合剂,上面放置铁框,将字印排列镶嵌在铁板之上、铁框之内;用火烘烤铁板,使黏合剂稍微熔化,然后以一张平板覆压字面,使其平整,即可印刷。印完后再经烤火,取下活字,以备下次使用。"常作二铁板,一板印刷,一板已自布字,此印者才毕,则第二板已具,更互用之,瞬息可就。"平时将活字按韵分类,置于木格之中,以备查找。常用字多制字印,以备一版内重复使用。遇生僻字,则临时烧制字印。毕昇这一发明,包括制造活字、排版、印刷三道工序,与现代铅字排印的原理完全相同。不过由于汉字字数多,印刷所用活字数量庞大,制字、拣字、排字都比较费事,同时总体而言古代印书种类仍然有限,经史之类都要反复印刷,因此在雕版印刷已成习惯的情况下,活字印刷并未取代前者的地位,只是偶尔见于记载。南宋光宗时,周必大曾用泥活字印刷他撰写的《玉堂杂记》。另外西夏也曾用活字印行西夏文佛经《吉祥遍至口和本续》,这有可能是现存最早的活字印刷品。

泥活字对制造工艺要求较高,否则即容易破碎。元朝人王祯因而又设计了木活字。王祯著有农学专著《农书》,其中附有《造活字印书法》,详细记载了他的木活字印刷术。先将文字刻在木板上,然后锯成单个活字。排版时用竹片填塞缝隙,使版面紧固,即可刷墨印书。王祯同时发明了"转轮排字盘",用机械装置加快拣字速度,提高印刷工作的效率。木活字的创制使得活字印刷的应用进一步推广。王祯还提到当时曾有人制造锡质金属活字,但印刷效果不佳。到明朝,金属活字的制造、印刷技术继续提高,活字印刷开始更多地使用铜质活字。

印刷术发明后,逐渐向海外传播。在汉字文化圈内的朝鲜、日本、越南等东方邻国,很早就接受了中国的雕版印刷术,并且在书籍版式、字体、装订等方面,都仿照中国的习惯。15世纪初,朝鲜在学习中国活字印刷术的基础上,首先开始用浇铸法研制铜活字,铜活字的应用比中国还早。印刷术的西传是通过陆、海丝绸之路逐步推进的,先传到中亚、西亚和北非,最后到达欧洲。蒙元帝国统治时期,中西往来畅通,旅行家马可·波罗等人在游记中介绍了中国的雕版印刷,特别是印制纸币的技术,在欧洲引起很大反响。天主教会首先利用雕版印刷来印造宗教宣传品,民间也用以印制纸牌等物。过了不久,雕版印刷即为活字印刷所代替。15世纪中叶,德国人约翰·谷腾堡用铅、锡、锑合金制造西文字母活字,开创了欧洲文明史的新纪元。谷腾堡的活字是否仿自中国,材料不足,难下定论。但很多学者认为,他如果不是直接学习中国活字印刷技术,至少也受到了欧洲人东方见闻的启发和影响。

# 我国古代的指南针——司南

指南针是用以判别方向的一种简单仪器，又称指北针。指南针的前身是中国古代四大发明之一的司南，主要组成部分是一根装在轴上可以自由转动的磁针。磁针在地磁场作用下能保持在磁子午线的切线方向上。磁针的北极指向地理的北极，利用这一性能可以辨别方向。常用于航海、大地测量、旅行及军事等方面。

中国是世界上公认发明指南针的国家。指南针的发明是我国古代劳动人民在长期的实践中对物体磁性认识的结果。由于生产劳动，人们接触了磁铁矿，开始了对磁性质的了解。人们首先发现了磁石吸引铁的性质，后来又发现了磁石的指向性。经过多方面的实验和研究，终于发明了实用的指南针。最早的指南针是用天然磁体做成的，这说明中国古代劳动人民很早就发现了天然磁铁及其吸铁性。据古书记载，远在春秋战国时期，由于正处在奴隶制社会向封建社会过渡的大变革时期，生产力有了很大的发展，特别是农业生产更是兴盛发达，因而促进了采矿业、冶炼业的发展。在长期的生产实践中，人们从铁矿石中认识了磁石。公元前7世纪成书的《管子·地数》中就记载："上有磁石者，下有铜金。"意思说，如果山上有磁石时，山里就藏有铁矿。地理名著《山海经》中，也曾记载"题灌山中多磁石"。《水经注》里记载了秦国阿房宫前面，用磁石制成大门，防止有人进宫谋刺暗杀，如有人暗披盔甲、暗藏兵器入宫，就会被门吸住而被发现，这说明我国古代人民很早就发现了磁石的吸铁性，并加以利用了。

在长期的生产实践中，我国古代劳动人民进一步利用磁体的指极性，制成指示方向的机械，这就是指南针。"指南"是张衡在《东京赋》中第一次提出来的,以后经过魏晋、南北朝、隋、唐,直到宋代经过1000多年才逐渐发展起来了。宋代杰出的科学家沈括在《梦溪笔谈》中,对当时指南针发展的状况作了详尽的论述。当时在生产和科学实验发展的推动下,特别是航海事业的发达使指南针的作用逐渐显现出来。沈括总结了劳动人民在实践中创造的四种指南针的装置方法:第一种是水浮法,将磁针浮于水面进行指南,虽然比较平稳,但容易动荡不定;第二种是指甲旋定法,将磁针置于指甲上,虽然转动灵活,但容易滑落;第三种是碗唇旋定法,将磁针置于碗口边上,虽然转动较灵活,但易滑落;第四种是缕旋法,用蚕丝将磁针悬挂起来,可达到转动灵活而又稳定。他还记载了人工授磁方法,即"以磁石磨针锋,则能指南"。这种用人工制成的磁体,是一个巨大的进步。此外,还曾制出过"指南鱼"、"旱针"、"水针"。旱针、水针这两种指南针,为近代指南针(罗盘针)的基本结构原理奠定了基础。沈括在研究指南针的过程中,还总结和发现了地磁有偏角存在。也就是说,指南针指示的方向,"常微偏东,不全南也"。这是我国对地磁学作出的伟大贡献。

目前传统的观点认为指南针的始祖大约出现在战国时期。它是用天然磁石制成的,样子像一把汤勺,圆底,可以放在平滑的"地盘"上并保持平衡,且可以自由旋转。当它静止的时候,勺柄就会指向南方。当时的著作《韩非子》中就有:"先王立司南以端朝夕。""端朝夕"就是正四方、定方位的意思。但有学者认为"朝夕"除了东西方向外,还可解释为早晚朝见或君王早晚听政。《小雅·雨无正》:"邦君诸侯,莫肯朝夕。"郑玄笺:"王流在外,三公及诸随王而行者,皆无君臣之礼,不肯晨夜朝暮省王也。"又如《周礼·夏官·道仆》:"掌驭象路以朝夕。"陆德明释文:"朝夕,直遥反。"孙诒让正义:"注云'朝夕,朝朝莫夕'者,《乡饮酒义》云:'朝不废朝,莫不废夕。'注云:'朝夕,朝莫听事也。'"所以"端朝夕"就是端正或稳定朝纲,而不是定方向,此处司南解释成法律更合理。

春秋时代,人们已经能够将硬度5度至7度的软玉和硬玉琢磨成各种形状的器具,因此也能将硬度只有5.5度至6.5度的天然磁石制成司南。据载墨子是很有成就的科学家,在力学、声学、光学、磁学等方面都很有研究,他制作发明的有听瓮、中燧、司南,还有汲水器、投石器、望远器、集箭器等,其中的司南应该属于我国或者世界最早的指南针。东汉时的王充在他的著作《论衡》中对司南的形状和用法作了明确的记录。司南是用整块天然磁石经过琢磨制成勺型,勺柄指南极,并使整个勺的重心恰好落到勺底的正中,勺置于光滑的地盘之中,地盘外方内圆,四周刻有干支四维,合成二十四向。这样的设计是古人认真观察了许多自然界有关磁的现象,积累了大量的知识和经验,经过长期的研究才完成的。司南的出现是人们对磁体指极性认识的实际应用。但司南也有许多缺陷,天然磁体不易找到,在加工时容易因打击、受热而失磁。所以司南的磁性比较弱,而且它与地盘接触处要非常光滑,否则会因转动摩擦阻力过大,而难于旋转,无法达到预期的指南效果。而且司南有一定的体积和重量,携带很不方便,这可能是司南长期未得到广泛应用的主要原因。

# 纤纤擢素手,札札弄机杼

在《孔雀东南飞》中,有一段自白:"十三能织素,十四学裁衣,十五弹箜篌,十六诵诗书,十七为君妇。"这是一个普通少女的成长简历和才艺档案。蚕、织、裁、缝、绣——乃天下女子的技能必修课,即便家境优渥,凤娇名媛,顶多免去蚕纺之苦,绣针之灵则不可少。明·赵弼《青城隐者记》:"女织男耕,桑麻满圃。"唐代田园诗人孟郊在《织妇词》中说:"夫是田中郎,妾是田中女。当年嫁得君,为君秉机杼。"田夫蚕妾,牛郎织女,日出而作,自给自足,也说明男耕女织是小农经济的典型代表。

中国早在新石器时代就已经掌握了纺织技术。中国古代的丝麻纺织技术,已达到相当高的水平,在世界上享有盛名。古罗马帝国最早也是通过"丝绸之路"上丝织品的传播,称中国为"丝之国"的。

新石器时代就已经掌握此项技术的佐证是我们在浙江余姚河姆渡遗址(距今约 7000 年)发现有苘麻的双股线,在出土的牙雕盅上刻划着 4 条蚕纹,同时出土了纺车和纺机零件。江苏吴县草鞋山遗址(距今约 6000 年)出土了编织的双股经线的罗(两经绞、圈绕起菱纹)地葛布,经线密度为 10 根/厘米,纬线密度地部为 13~14 根/厘米,纹部为 26~28 根/厘米,是最早的葛纤维纺织品。河南郑州青台遗址(距今约 5500 年)发现了粘附在红陶片上的苎麻和大麻布纹、粘在头盖骨上的丝帛和残片,以及 10 余枚红陶纺轮,这是最早的丝织品实物。浙江吴兴钱山漾遗址(距今 5000 年左右)出土了精制的丝织品残片,丝帛的经纬密度各为 48 根/厘米,丝的拈向为 Z 拈;丝带宽 5 毫米,用 16 根粗细丝线交编而成;丝绳的投影宽度约为 3 毫米,用 3 根丝束合股加拈而成,拈向为 S 拈,拈度为 35 个/10 厘米。这表明当时的缫丝、合股、加拈等丝织技术已有一定的水平。同时出土的多块苎麻布残片,经密 24～31 根/厘米,纬密 16～20 根/厘米,比草鞋山葛布的麻纺织技术更进一步。

新疆罗布泊遗址出土的古尸身上裹着粗毛织品,新疆哈密五堡遗址(距今 3200 年)出土了精美的毛织品,组织有平纹和斜纹两种,且用色线织成彩色条纹的,说明当时的毛纺织技术已有进一步发展。福建崇安武夷山船棺(距今 3200 年)内出土了青灰色棉(联核木棉)布,经纬密度各为 14 根/厘米,经纬纱的拈向均为 S 拈。同时还出土了丝麻织品。上述的以麻、丝、毛、棉的天然纤维为原料的纺织品实物,表明中国新石器时代纺织工艺技术已相当先进。

商周时期社会经济进一步发展,宫廷王室对于纺织品的需求量日益增加。周的统治者设立与纺织品有关的官职,掌握纺织品的生产和征收事宜。商周的丝织品品种较多,河南安阳殷墟的妇好墓铜器上所附的丝织品有纱纨(绢)、朱砂涂染的色帛、双经双纬的缣(jiān)、回纹绮等;殷墟还出有丝绳、丝带等实物。陕西宝鸡茹家庄西周墓出土了纬二重组织的山形纹绮残片。进入春秋战国时期,丝织品更是丰富多彩,湖南长沙楚墓出土了几何纹锦、对龙对凤锦和填花燕纹锦等,湖北江陵楚墓出土了大批的锦绣品。毛织品则以新疆吐鲁番阿拉沟古墓中出土的数量最多,花色品种和纺织技术比哈密五堡遗址出土的更胜一筹。

汉代纺织品以湖南长沙马王堆汉墓和湖北江陵秦汉墓出土的丝麻纺织品数量最多,花色品种最为齐全,有仅重 49 克的素纱单衣、耳杯形菱纹花罗、对鸟花卉纹绮、隐花孔雀纹锦、凸花锦和绒圈锦等高级提花丝织品,还有第一次发现的印花敷彩纱和泥金银印花纱等珍贵的印花丝织品。沿丝绸之路出土的汉代织物更是绚丽璀璨。1959 年新疆民丰尼雅遗址东汉墓出土有隶体"万世如意"锦袍、"延年益寿大宜子孙"锦手套和袜子等。毛织品有龟甲四瓣纹、人兽葡萄纹、毛罗和地毯等名贵品种。在这里还首次发现蜡染印花棉布及平纹棉织品。

魏晋南北朝时期丝织品仍以经锦为主,花纹则以禽兽纹为特色。

1959年新疆于田屋于来克城址和高昌国吐鲁番阿斯塔那墓群出土夔纹锦、方格兽纹锦、禽兽纹锦、树纹锦，以及"富且昌宜侯王天延命长"织成履等。毛、棉织品发现有方格纹毛、紫红色毛、星点蓝色蜡缬(xié)毛织品，以及桃纹蓝色蜡缬棉织品等新的缬染织物。

隋唐时代，纺织品的生产分工明确，唐王朝官府专门设立织染署，管理纺织染作坊。唐代纺织品在各地均有出土，以新疆、甘肃为最多，传世品则以日本正仓院所藏数量最丰。新疆吐鲁番阿斯塔那墓群出土了大量唐代纬线显花的织锦，花纹以联珠对禽对兽为主，有对孔雀、对鸟、对狮、对羊、对鸭、对鸡及鹿纹、龙纹等象征吉祥如意的图案，还出现了团花、宝相花、晕花、骑士、胡王、贵字、吉字、王字等新的纹饰。纹缬染色更有新的发展，有红色、绛色、棕色绞缬绢、罗；蓝色、棕色、绛色、土黄色、黄色、白色、绿色、深绿色等蜡缬纱绢及绛色附缀彩绘绢等，代表印染工艺技术已达到新的水平。

宋朝的纺织业已发展到全国的43个州，重心南移江浙。丝织品中尤以花罗和绮绫为最多。宋黄墓出土的各种罗组织的衣物200余件，其罗纹组织结构有两经绞、三经绞、四经绞的素罗，有起平纹、浮纹、斜纹、变化斜纹等组织的各种花卉纹花罗，还有粗细纬相间隔的落花流水提花罗等。绮绫的花纹则以牡丹、芍药、月季芙蓉、菊花等为主体纹饰。此外第一次出土的松竹梅缎印染品已发展成为泥金、描金、印金、贴金，加敷彩相结合的多种印花技术。宋代的缂丝以朱克柔的《莲塘乳鸭图》最为精美，是闻名中外的传世珍品。宋代的棉织品得到迅速发展，已取代麻织品而成为大众衣料，松江棉布被誉为"衣被天下"。

元代纺织品以织金锦(纳石失)最负盛名。1970年新疆盐湖出土的金织金锦，经丝直径为0.15毫米，纬丝直径为0.5毫米，经纬密度为52根/厘米和48根/厘米；拈金织金锦的经纬密度为65根/厘米和40根/厘米，更加富丽堂皇。山东邹县元墓则第一次出土了五枚正则缎纹。

明清纺织品以江南三织造(江宁、苏州、杭州)生产的贡品技艺最高，其中各种花纹图案的妆花纱、妆花罗、妆花锦、妆花缎等富有特色。富于民族传统特色的蜀锦、宋锦、织金锦和妆花锦（云锦）合称为"四大名锦"。1958年北京明定陵出土织锦165卷，袍服衣著200余件。第一次发现了单面绒和双面绒的实物，其中一块绒的经纬密度为64根/厘米和36根/厘米，丝绒毛的高度为0.2毫米。当时棉织品生产已遍及全国各地。明代末年，仅官府需要的棉布即在1500万匹至2000万匹。精湛华贵的丝织品，也通过陆上和海上丝绸之路远销亚欧各国。

特别要提出的是谈中国的纺织业不能不提到黄道婆，又名黄婆或黄母，宋末元初知名棉纺织家。她由于传授先进的纺织技术以及推广先进的纺织工具，而受到百姓的敬仰。在清代的时候，被尊为布业的始祖。她出身贫苦，少年受封建家庭压迫流落崖州（今海南岛），以道观为家，劳动、生活在黎族姐妹中，并师从黎族人学会运用制棉工具和织崖州被的方法。元代元贞年间（1295—1296年）她重返故乡，在松江府以东的乌泥泾镇，教人制棉，传授和推广"捍（搅车，即轧棉机）、弹（弹棉弓）、纺（纺车）、织（织机）之具"和"错纱配色，综线挈花"等织造技术。她所织的被褥巾带，其上折枝团凤棋局字样，粲然若写。由于乌泥泾和松江一带人民迅速掌握了先进的织造技术，一时"乌泥泾被不胫而走，广传于大江南北"。当时的太仓、上海等县都加以仿效。棉纺织品五光十色，呈现了空前盛况。

黄道婆去世以后，松江府曾成为全国最大的棉纺织中心。松江布有"衣被天下"的美称。松江人民感念她的恩德，在顺帝至元二年（1336年），为她立祠，每年举行祭祀活动。后因战乱，祠被毁。至正二十二年（1362年），乡人张守中重建并请王逢作诗纪念。明熹宗天启六年（1626年），张之象塑其像于宁国寺。清嘉庆年间，上海城内渡鹤楼西北小巷，立有小庙。黄道婆墓在上海市徐汇区华泾镇北面的东湾村，于1957年重新修建并立有石碑。上海的南市区曾有先棉祠，建黄道婆禅院。上海豫园内，有清咸丰时作为布业公所的跋织亭，供奉黄道婆为始祖。在黄道婆的故乡乌泥泾，还有上海，至今还传颂着"黄婆婆，黄婆婆，教我纱，教我布，两只筒子两匹布"的民谣。伴着这首童谣，我们仍能感受到黄道婆其人对我国纺织业所作出的贡献是影响深远的，这也是男耕女织的古代中国中女性所做的伟大事业。

# 第一家电报局的诞生

我国古代传递信息是通过驿差分段传递的。鸦片战争后,伦敦发往上海的电报是由我国的电报站接收后,再由驿差送往北京,然后由轮船送到上海的。后来人们逐渐知道电报是利用电信号的传输以传送文字或文件、图表、照片的形象的通信方式。它迅速、准确、简便,广为人们所用。大家对电报这一词汇自然不会陌生,但是问起电报在我国的起源,知者恐怕就寥寥无几了。

在华夏的土地上架设电线发电报,实起于1865年。当时,英国人雷伊·罗兹在上海至吴淞口架设电线。尚未"睁眼看世界"的国人,不知这是搞什么名堂,感到蹊跷的同时便加以干扰、搬走电杆。对此,雷氏既不可思议又手足无措,只好放弃这项举动。1869年,美国罗塞尔商会在上海轮船公司码头架设一短线,与其公司事务所通电。这是在我国国土上第二次架设的电线。1870年,大北电报公司架设了香港至上海的电报海线。1872年,初次用中文字码通报,这就是中国最早的电报。但是,也非中国人所为。

中国人自己倡议办电报,是在1874年。当时日本屡犯台湾,为了及时了解军事情报,防范与攻击敌寇,两江总督沈葆桢向清政府奏陈设电政之利,请于福州试办电报。但是因号码代字法没有发明,这个计划遗憾地落空了。

1879年,中国试办电报成功,在中国电报局的发展史上写下了艰辛而难忘的一页。当时直隶总督兼北洋大臣李鸿章奏请办电报,得到了清政府的批准,在大沽北塘海口炮台架设电线到天津,以"号令各营"。紧接着,他又于1880年上奏清政府,陈述了军事上利用电报的急迫性,指出："用兵之道，神速为贵。泰西各国于讲求枪炮之外，水路则有快轮船，陆路则有火轮车以此用兵，飞行绝迹。而数万里海洋，欲通军信，则又有电报之法。……独中国文书尚恃驿递，虽日行六百里加紧，亦已迟速悬殊。……倘遇用兵之际，彼等外国军信，速于中国，利害已判若径庭。且其铁甲兵船，在海洋日行千余里，势必声东击西，莫可测度，全赖军报神速，是电报实为防务所必需。现自北洋以至南洋，调兵馈饷，在俱关紧要之时，亟宜设立电报，以通气脉。"他还具体地阐述了架设电线的计划，以天津为起点，陆路沿运河以达江北，越长江以通上海，安置旱线。线路长达 3000 余里，沿路分设局栈，以便对报务、线路等进行有效的管理。

清朝政府批准了这个计划，于是设立了电报总局，地点在天津，任命李鸿章为电政总裁，由天津道盛宣怀总理其事，这样我国第一家电报局终于诞生了。天津电报总局在紫竹林、大沽口、济宁、清江、镇江、苏州、上海七处设立电报分局，并与丹麦大北电报公司缔结架设电线特约，由其代购材料、雇人和查勘道路。从 1881 年 4 月至 12 月，全部线路竣工，共用湘平银 178700 多两。此项费用，先以军饷垫支，后由电报总局仿照轮船招商局章程，募集商股，并于 1882 年 4 月正式变官办为官督商办。

电报的创设，无论在军事上还是在经济上，都有着重大的意义。为了使之能正常地运转，就必须培养懂业务的电报人才。1880 年，清政府在天津设立了电报学堂，雇请丹麦人来华讲授电学、收发电报等专业知识，这就为中国电报通信事业的发展提供了必要的人力资源。

在架设电线发电报的初期，面临着种种人为的障碍，其中包括观念上的羁绊因素。电报总局想把电线架到北京，但"顾虑士大夫见闻未熟，或滋口舌"，徒生事端，只得暂架线至通州。不过，从天津设置线路通电报以后，产生了较大的轰动，各省大都看到了电报的效用，纷纷主动兴办。这样就使充满神奇的电报，在风气渐开的环境中得到了迅速的扩展。

引起国人瞩目的天津电报总局改为官督商办之后，由于规定官发电报一律免费,发报时官报优先,商报排后,致使官报渐增,商报减少。而购置器材都需要进口,价格十分昂贵。与此同时,还存在着诸多技术上的偏差,电报学堂的学生测量上不够精确,使得停报久而虚耗多,电码也常常出现人为的故障。这些不利因素导致电报局赔累不堪,经营不够景气。到1902年时,清政府把天津电报总局挂了官办的牌子,并由电政大臣来加以管理。这样一来,天津电报总局经过改头换面之后,又重新履行它应有的职责了。

电报从不平凡的年月走来,肩负着多种职能。在那个以电报为新式沟通手段的时代,在日常的生产与生活中,很多人都曾与电报打过交道,经济信息往往靠它来传递,商业往来常常凭它去接洽。

# 造船业溯往

地球孕育了江河湖海，人类以水为邻，开辟了条条水路，制造了各种水上交通工具，其中最为人们所熟悉的莫过于船。在碧波荡漾的水面上泛舟，在惊涛拍岸的大海上乘船旅行，人们常常赞叹船的力量，也常常想了解那并未熟知的造船业的历史。

泱泱的华夏古国，创造了难以计数的文明，古代的造船业也曾有过兴盛与辉煌。追溯远古的历史，我们知道造船术早在原始社会就被我们的祖先所掌握了。据传说，一个叫做伏羲的人曾使用过筏。继筏之后，"古者观落叶因以为舟"，可见，偶然的发现激发了先人的灵感，进而有了舟的诞生。《周易》中有"刳木为舟，剡木为楫"的记载。甲骨文中的"舟"是一个典型的象形文字，这表明在殷商之时，船已经成为水上的一种交通工具了。据有关考证，在殷商王朝的末期，造船业已经兴起，成为社会上一个新兴的引人瞩目的行业。武王伐纣时，曾先后两次率领众多兵马在孟津一带"借办民舟"渡过滔滔的黄河。

船，实现了人类的许多梦想，它将"望洋兴叹"变成了高帆远航，它将陆地上的交通运输推进到水面上来。西汉时期，中国的古船队已扬帆印度洋了。在这一历史时期，我国的造船中心有十几处，不仅能造各种船舶，还可建造高高耸立的楼船。《太平御览》中记载，大楼船"豫章号"上营造许多精美的宫室，一条船上可乘载许多人。《汉书·食货志》也曾描述，汉武帝时所造的楼船高十几丈，上面旗帜飘飘，景象颇为壮观。

至三国时期,造船业有了较大的发展,船只种类、数量剧增。据史料记载,当时的吴国拥有 5000 多艘船。《三国会要》说,大的楼船可"载坐直之士三千人"。由于三国时期造船业兴盛,因而首创了大规模的航海事业。有文献记载,中国当时已经在所有邻海上航行,他们到过琉球群岛和东印度群岛,并且航进了太平洋。可见,在当时海外交往已比较频繁。

当历史推进到大唐时代,在我国沿海各主要港口造船工厂星罗棋布。唐代造的出海船一般载重量很大。有一种造于江南的泛海船载重达 700 多吨。一位意大利学者菲勒斯称:中国大约从公元 600 年开始,就建造有五层甲板大吨位的帆船。中国帆船的体积很大,抗风力很强。一位曾经到过印度、中国经商的阿拉伯人苏莱曼在《印度——中国游记》中写道:唐代的中国帆船体积很大,抗风力强,能在风浪险恶的波斯湾里畅行无阻,又因吃水太深,不能直接进入幼发拉底河口,只好"将货物运到西拉夫"。造船术在唐代确实较为先进。当时航行于南海沿岸的异邦之船还用椰索来捆绑船体,未曾使用铁构件,而我国的木帆船已经全部使用木榫和铁构件了,可见,当时中国的造船术在世界上是领先的。

明朝时,造船业的发展也十分引人瞩目。蜚声中外的郑和下西洋,在世界航海史上留下了醒目的一页。这个壮举之所以出现,从某种意义上来说要依赖于造船技术的提高。据史料记载,郑和下西洋时用的船叫"宝船",最大的宝船长 44 丈,宽 18 丈。由于度量的差异,这个丈与我们今天常用的量词"丈"有一定的出入,明尺较我们现在通用的市尺要短些,但即便如此,这种大宝船的长度也超过 100 米。庞大的船队中,即使是中等船也有 37 丈长,15 丈宽,船上设有 12 张帆。据说,郑和第一次远航船队,这样的船就有 60 多艘。由这些大小不等的船只组成强大的阵容,在浩瀚的印度洋上劈波远行。假若没有坚固的船身,就无法战胜频频袭来的凶猛风暴,就无法闯过"烈风陡起,怒涛如山"的险境,当然也就无法获得"云帆高涨,昼夜星驰"的从容,也就无法在古代航海史上写下光辉的篇章。郑和率领船队的远航成功,充分地说明了我国古代造船术居于世界领先地位。

到了大清王朝主宰乾坤的时候,实行了严厉的"闭关政策"。顺治十三年(1656年)宣布海禁,规定"片板不准下海"。"海禁"的结果,必然给造船业带来沉重的打击。在近代中国兴办的第一家造船厂是福州船政局,1866年,由浙闽总督左宗棠创办。左宗棠奉命调离福州之后,推荐林则徐的女婿沈葆桢继续筹建船政局。不久,船政局在马尾山麓一带购买了民田,正式开始建厂。马尾水深土实,是天然良港,但为了增强地基承重能力,打了桩,填了石灰,周围还筑上了石坝。船厂运作后,可生产4000—5000吨的船体,人员最多时有1300人。船政局在开办时还雇佣了10多名法国技师,厂内的机器设备均从国外引进。建厂三年后,即1869年8月船厂造出了第一艘船——"万年青"号,并开设了船政学堂,专门培养驾驶和制造的技术人才。到1873年时,已造出大小轮船15艘,其中外国技师参建的有12艘,另外3艘完全由中国人自己制造。这时中国工人已逐步掌握了技术,厂房的筹建与设备购置都已完成,按照合同规定,年底辞退了法国技师。从此,船政局完全依靠中国自己的技术力量成长、壮大。到1907年止,共造船40艘。

中国近代第一家造船厂的兴盛与飘摇,是与国家的命运紧紧相连的。甲午战争之后,清政府的财政匮乏,无力维持船厂,马尾船厂在几年里就欠了法国300万两银子,无力偿还。法国以欠资过多为由,要求把船厂抵押给他们，清朝政府未有切实的拯救措施。在回天无力的情况下，中国第一家造船厂于 1907 年无可奈何地停办了。直到新中国诞生以后，在原造船厂的废墟上才威严地树立起福建马尾造船厂的牌子，而这种复苏与崛起是那样地漫长而艰难。

几度春秋，几度兴衰，中国的造船业从风雨中走向壮大，跻身世界先进行列这是一种现实的追求，愿在中国的造船史上能够续写更加壮丽的篇章。

# 古代机械初探

人类文明是与机械紧紧相关的,而机械的发展经历了一个漫长的过程。早期人类在同野兽与环境的抗争中,学会使用木棒和石块等天然工具,弥补手的不足。这种循环进行的活动,久而久之就把人类引导到有目的地制造工具的道路上来。在旧石器时代,人们已学会利用一些材料的弹性,制作出弓箭等工具。到了新石器时代,工具已开始向一器多用向专业化方面发展,出现了耒、耜、斧、铲、锄、犁、凿、鱼枪、纺锤等。新石器时代末期的遗物表明,当时转动的轮形工具已用于琢玉和制陶,这表明简单工具在向较复杂的机械靠拢、演进。

先秦时,机械的种类迅速增加。《墨子》、《列子》等书介绍了人们在机械方面的大胆想象,这可谓是发明的前奏。商代,发明了滑车、辘轳、桔槔以用于灌溉,学会用石磨、人力碓来对粮食进行必要的加工。在春秋战国之交,已形成了一套品种比较齐全的农业机械,从而为农业经济的发展创造了条件。

古人在运输物品的过程中,由滚木而摸索出轮轴的原理,进而制造出了各种车辆。车辆由许多种零部件构成。最早的车辆以圆形木板为行走部件,称为"辁"。在夏代出现了带辐条的轮子,这在车的结构上作了较大的改进,车辆结构由笨拙走向轻巧。商周时期,中国独辕双轮车结构有了较大的改进,周代就已开始用油脂作轴承的润滑剂,这可以减轻部件的磨损和加速行车的速度。战国时还有双辕车,有的用牛来牵引,有的用马拉。秦始皇统一中国后,规定了车同轨,这就用强制力有效地保证所造之车在轮距上一致,这是一项很有意义的举措,在此前提下车辆的数量增加起来。汉代车辆种类和数量都较多,在兴盛的车的家族中有四轮车,还有独轮车,有的附件已用铁制。中国的马车采用着先进的胸带式系驾法,这种方法直到8世纪时西方才使用。晋朝以后牛车曾一度盛行,南北朝时竟有12头牛牵引的大车,并有春车和磨车,这是两种加工粮食的车,前者车上设碓,后者车上放磨。

东汉以后出现的记里鼓车和指南车是最为复杂的专用车辆。西汉时已有了金属齿轮,木齿轮的出现当然从时间上看就更早了。有些考古专家认为,用于帝王出行仪仗的记里鼓车和指南车一开始就采用了齿轮传动。由于古代的信息传播较慢,范围较狭窄,因而,免不了重复发明一些功能相似或相同的机械。三国时的马钧、南北朝时的祖冲之、宋朝时的燕肃等据说都曾制作过指南车,尽管它们的形状、功能不尽相同,但在结构上还是同出一辙的。

我国古代的机械多种多样,其中不乏实用、巧妙的杰作。提花工艺和提花织机大概在汉以前已发明,汉代手摇纺车上利用了增速绳轮传动。西汉的风扇发展为清选粮食的扇车。汉代的翻车(龙骨水车),采用链传动和刮板式输送原理,实现了连续提水。据有关书籍记载,唐代有各种各样的自动运转水车,分立式、卧式两类,"视其水势随宜用之"。宋代还广泛地使用排水灌溉的"筒车"。南宋诗人张孝祥曾赋诗道:"象龙唤不应,竹龙起行雨。联绵十车辐,咿轧百舟橹。转此大法轮,救汝旱岁苦。"可见,筒车的使用,增强了抗御干旱的能力。到了元朝,水转翻车、筒车的效率有了进一步提高。在水流较缓的地方,人们曾以"木石制为陂栅,横约溪流,旁出激轮",这就加快了水流速度。为解决向高地引水问题,元代还创造了"水转高车","其高以十丈为准,上下架木各竖一轮,半在水内,各轮径可四尺"。在粮食加工方面,水力机械也更加完备。从元代起我国还出现了水转大纺车,有一首诗对此予以描述、赞美:"车纺工多日百觔(同斤),更凭水力捷如神,世间麻苎乡中地,好就临流置此轮。"

我国古代制作机械的材料主要是木材,其次才轮到铜、铁、石料等。

能工巧匠们从不同零部件的性能要求出发,恰到好处地选择材料。即便都是木零件,也要选用机械性能适当的木料,以扬其所长。中国古代木制机械零件的联接,主要靠榫(sǔn)、销、楔、箍等。石件联接与木件类似。为了增加零件的局部强度、耐磨性等,有时要采用金属零件,如轴承、犁铧、碾轮、铰链等。常常要用铁箍、铁钉等来联结和加固木、竹等零部件。金属件的制作则主要靠铸、锻。

陕西临潼出土的秦始皇陵铜马车,不仅向今人展示了秦代高度发展的车辆技术,也展示了高水平的装配工艺。它的制作除铸造外,还包括镶嵌技术和冲、凿、锉、磨等金属加工技术,以及焊接、铆接等联接方法,这反映了当时金属加工和装配已达到了一定的水平。唐宋的金属机械加工技术有了较高的发展。西安出土的唐代银盒,其内孔与外圆的不同心度很小,切磨痕迹细密,表明当时机械加工精度已达到新的水平。

中国古代机械技术的基本框架在秦汉时已初步形成,传动原理在长期的生产实践中已被人们所掌握,畜力、风力、水力广泛地用作机械动力。在汉以后,中国机械技术日渐改进,形成了一定的特色。明末清初,闭关锁国的政策并未堵塞西方近代机械技术的输入,中国传统的技术不断地被改进与取代。尽管如此,中国传统机械还是有一席之地的,有些还将在很长的时间里发挥着效用。

# 中国古代农业的起源与发展

中国是人类的发祥地之一。中国农业有着悠久的历史。农业起源于没有文字记载的远古时代,它发生于原始采集狩猎经济的母体之中。距今约 170 万至 10000 年前,已有脱离动物界的原始人类生活在这片辽阔的大地上。当时尚未产生农业,原始人类依靠采集和渔猎为生,史称旧石器时代,相当于中国古代传说中的有巢氏"构木为巢"、燧人氏"钻燧取火"和伏羲氏"以佃以渔"的时代。

距今约 10000 至 4000 年前,也就是史称的新石器时代,生活在这块土地上的先人们创始了农业。一般认为,采集活动孕育了原始的种植业,狩猎活动孕育了原始的畜牧业。中国古代有关"神农氏"的传说就反映了原始农业发生的那个时代。据说神农氏之前,人们吃的是爬虫走兽、果菜螺蚌,后来人口逐渐增加,食物不足,人类常常面临饥饿的威胁,迫切需要开辟新的食物来源。如何获得稳定而可靠的食物来源成了农业起源的动力。神农氏为此遍尝百草,备历艰辛,多次中毒,又找到了解毒的办法,终于选择出可供人们食用的谷物。接着他又观察天时地利,创制斧斤耒耜,教导人们种植谷物,于是农业出现了。

这种传说是农业发生和确立的时代留下的历史缩影。现代考古学为我们了解我国农业的起源和原始农业的状况提供了丰富的历史资料。目前已经发现了成千上万的新石器时代原始农业的遗址,遍布在从岭南到漠北、从东海之滨到青藏高原的辽阔大地上,尤以黄河流域和长江流域最为密集。著名的有距今七八千年的河南新郑裴李岗和河北武安磁山以种粟为主的农业聚落,距今七千年左右的浙江余姚河姆渡以种稻为主的农业聚落,以及稍后的陕西西安半坡遗址等。近年又在湖南澧县彭头山、道县玉蟾岩、江西万年仙人洞和吊桶岩等地发现距今上万年的栽培稻遗存。由此可见,我国农业起源可以追溯到距今 10000 年以前,到了距今七八千年,原始农业已经相当发达了。

从世界范围看,农业起源中心主要有 3 个:西亚、中南美洲和东亚。东亚起源中心主要就是中国。中国原始农业具有明显的特点:在种植业方面,很早就形成北方以粟黍为主、南方以水稻为主的格局,不同于西亚以种植小麦、大麦为主,也不同于中南美洲以种植马铃薯、倭瓜和玉米为主。中国的原始农具,如翻土用的手足并用的直插式的耒耜,收获用的掐割谷穗的石刀,也表现了不同于其他地区的特色。在畜养业方面,中国最早饲养的家畜是狗、猪、鸡和水牛,以后增至所谓"六畜"(马、牛、羊、猪、狗、鸡),不同于西亚很早就以饲养绵羊和山羊为主,更不同于中南美洲仅知道饲养羊驼。中国是世界上最大的作物和畜禽起源中心之一。我国大多数地区的原始农业是从采集渔猎经济中直接发生的,种植业处于核心地位,家畜饲养业作为副业存在,随着种植业的发展而发展,同时又以采集、狩猎为生活资料的补充来源,形成农牧采猎并存的结构。这种结构导致比较稳定的定居生活,与定居农业相适应,猪一直是主要家畜,较早出现圈养与放牧相结合的饲养方式;游牧部落的形成较晚。同时,我国又是世界上最早养蚕缫丝的国家。总之,中国农业是独立起源、自成体系的。中华文明建立在自身农业发展的基础之上,一度流传的所谓"中华文明西来说"是不符合历史实际的。

从中国自身的范围看,农业也并非从一个中心起源向周围扩散,而是由若干源头发源汇合而成的。黄河流域的粟作农业,长江流域的稻作农业,各有不同的起源;华南地区的农业则可能是从种植薯芋类块根块茎作物开始的。即使同一作物区的农业也可能有不同的源头。在多中心起源的基础上,我国农业在其发展过程中,基于各地自然条件和社会传统的差异,经过分化和重组,逐步形成不同的农业类型。这些不同类型的农业文化成为不同民族集团形成的基础。中国古代农业,是由这些不同地区、不同民族、不同类型的农业融汇而成,并在他们的相互交流和碰撞中向前发展的。这种现象,可以称之为"多元交汇"。

中国古代农业发展从新石器时代(距今约 10000—4000 年以前)原始农业开始,逐渐经历了以下发展时期:夏、商、西周(约公元前 2100—公元前 771 年)这一时期,中国发明了金属冶炼技术,青铜农具开始应用于农业生产。水利工程开始兴建,农业技术有了初步的发展。这就是沟洫农业时期,即从原始农业到精耕细作农业过渡时期。春秋战国(公元前770—公元前 221 年)是中国社会大变革和科技文化大发展时期。炼铁技术的发明标志着新的生产力登上了历史舞台,铁农具和畜力的利用,推动了农业生产的大发展。秦、汉至南北朝(公元前 221—公元 589 年)这是中国北方地区旱地农业精耕细作技术的成熟时期。耕、耙、耱(mò)配套技术形成,多种大型复杂的农具先后发明运用。著名农学家贾思勰写作大型农业百科全书《齐民要术》。隋、唐、宋、元(581—1368 年)经济重心从北方转移到南方。南方水田精耕细作技术配套技术形成,水田专用农具发明并普及;棉花种植开始在中国逐渐推广;出现众多农书;土地利用方式增多。南北方农业同时获得大发展。明朝至清朝中期(1368—1840 年),中国普遍出现人多地少的矛盾,农业生产向进一步精耕细作化发展,是精耕细作的深入发展时期。美洲新大陆的许多作物被引进中国,对中国的农作物结构造成重大影响。多种经营和多熟种植成为农业生产的主要方式。

详细来讲,内容如下:

原始农业时期,农业工具以石器为主,并广泛使用木竹器、骨角器和蚌器。石斧、石锛一类砍伐工具的应用是原始农业的特点之一,与之并存的是播种用的竹木棒和收获用的石刀、石镰。耕地开始可能在山地,以后向江河两岸比较平整的地区发展。实行撂荒耕作制,最初是生荒耕作制,继之是熟荒耕作制。这一时期耕作技术的特点是刀耕火种,以后产生了与播种直接相结合的原始的封耕作,生产技术的重点逐步由林木砍烧转移到土地加工。人类现今的主要作物和家畜,绝大多数是在原始农业时代栽培和驯化繁衍而来的。这一时代人们栽培和利用的植物比后世多而杂,有所谓"百谷百蔬"之称,后世所谓"五谷"(粟、黍、稻、麦、菽)也包括在内。原始农业以砍烧林木获得可耕地和灰烬为其存在前提,它的积极意义在于开始了人类通过自己的活动增殖天然产品的过程,开拓人类新的活动领域和空间,但它在进行生产的同时,破坏了自身再生产的条件,随着人口的增加和耕地的相对不足,这种对自然界掠夺式的生产必然要被新的农业生产方式所代替。

沟洫农业时期,木石工具仍在广泛使用,但青铜工具已占主导地位,因为广泛使用的木器已用青铜工具加工制造,而且青铜农具已日益普遍地应用于农业生产中。沟洫农业起源于原始社会末期,大禹治水,"尽力乎沟洫",标志着它的确立。甲骨文中田字和其他有关文字的形象,《诗经》《周礼》等先春秋古籍中有关沟洫圳亩的记载,证明它的普遍存在。沟洫的作用在于排而不在于灌。沟洫农业是旱地农业而不是灌溉农业。与沟洫农业相适应,撩荒制基本上已被休闲制所代替,《诗经·尔雅》中的"菑、新、畲(shē)",《周礼》中的"易田"等,都是休闲制的反映。在南方,除了部分地区仍在山区实行刀耕火种外,也较普遍地在低平地区经营水田。沟洫农业是垄作形式的旱地农业。当时的农业劳动采取两人简单协作的耦耕方式。在这种形式下,耕地的选择、布置、整治,农时的掌握,品种的选育、播种、管理、除草、治虫等方面都获得了初步的成就。

本时期是由原始农业到精耕细作传统农业的过渡时期,在生产工具、生产结构等方面保留了原始农业时期的某些痕迹,但精耕细作的农业技术亦已在孕育之中。由于与耒耜、耦耕、井田制密切相连的沟洫农业是这一时期农业的主要特征,故以此名之。

从战国开始,中经秦、汉、魏、晋直至南北朝,这是我国封建地主经济制度形成和向上发展的时期,亦即精耕细作农业的成型期。随着封建地主制的形成和确立,生产力获得迅速的发展,出现了战国和前汉两次农业生产的高潮。魏晋南北朝时期，封建依附关系有所回增，但总的来说，封建地主经济在向更大的范围扩展。铁犁和牛耕的推广是这一时期农业生产工具和动力的主要特点。农具从质料到形制都比前一段有了很大的变化，铁农具获得普遍使用，农业动力则由人力发展到畜力以至水力和风力。农业工具和动力的这种变化使整个农业生产和社会经济发生改观。

在本时期内，农区以种植业为主，农桑并重，多种经营，畜牧业也是比较发达的。秦汉统治阶级为了抵御北方游牧民族的侵扰，在西北地区屯田和移民实边，使农耕经济方式向牧区推进，在农区与牧区之间形成一个半农半牧的地区。魏晋南北朝时期，北方游牧民族大量进入中原，一度把部分农田改为牧场。但他们很快就接受了汉族的农耕文明。中原地区以种植业为主、农牧结合、多种经营的生产结构经受了历史的考验站稳了脚跟。

包括隋、唐、辽、宋、夏、金、元诸代，这是我国封建地主经济制度走向成熟的时期。由北魏开始的均田制在隋唐时代继续实行，个体农民的人身依附关系削弱，到宋代租佃制度全面确立，农业生产出现又一次高潮。与租佃制确立相伴随的我国封建经济的另一个历史性变化——全国经济重心从黄河流域转移到长江以南地区。这一转移魏晋南北朝发其端绪，隋唐继续发展，到宋代最后完成。

这一时期农业工具继续有重大的发展。例如包括 11 个部件的结构完整、使用轻便的曲辕犁，用于深耕的铁搭，适应南方水田作业的耖、耘荡、龙骨车、秧马和联合作业的高效农具如粪耧、推镰、水转连磨等。旱地、水田农具均已配套齐全，在传统农业范围内，已达到接近完善的地步了。

这一时期北方旱地农业技术继续有所发展，但比较缓慢。农业技术最重大的成就是南方水田精耕细作技术体系的形成。在土壤耕作方面形成了耕——耙——耖等一套完整的措施。水稻育秧、移栽、烤田、耘耨等都有了进一步发展。为了适应一年两熟的需要,更重视施肥以补充地力,肥料种类增加,讲求沤制和施用技术。南宋陈旉(fū)在其《农书》中对南方水田耕作技术作了总结,提出了"地力常新壮"的理论,标志着我国精耕细作农业在广度和深度上达到了一个新的水平。

这一时期的作物构成也发生了很大变化,北方小麦种植面积继续上升,并向江南地区推广,南方的水稻种植进一步发展,并向北方扩展,终于取代了粟而居于粮食作物的首位。原来为少数民族首先栽种的西北的草棉和南方的木棉传至黄河流域和长江流域,取代了蚕丝和麻类成为主要的衣着原料。在农区的牲畜构成上,马的比重由大而小,耕牛进一步受到重视,养猪继续占据重要地位。

生产结构也发生了一系列变化。唐代以国营养马业为基干的大型畜牧业达到极盛;中唐以后,由于吐蕃等少数民族的侵占和土地兼并的日益严重,传统牧场沦衰,大型畜牧业走向没落,小农经营的小型畜牧业成了畜牧业的基本经营方式。多种经营有所发展,如茶叶、甘蔗、果树、蔬菜的栽培有较大发展,花卉业兴起了。在传统的牧区,农业经济的成分也有所增长。蒙古帝国是我国北方少数民族在游牧经济基础上建立的最后一个威震世界的大帝国,但它在统治了中原和江南广大地区后,仍然不能改变传统的以种植业为主的农业结构。随着元蒙帝国的崩溃,北方游牧经济的黄金时代也就基本上结束了。

明代和鸦片战争以前的清代,这一时期封建地主经济制度仍然是有活力的,在这一制度的范围内进行了若干调整,定额租成为主导的地租形式,佃农的人身依附关系更加松弛,经营自主权进一步加强,在这一基础上农业生产在明代和清代又相继出现新的高潮,并顺利地经受了清代人口激增的历史考验。顺治年间人口统计数只有几千万,经过100多年,到道光年间已突破4亿大关。人口的这种急剧增长显然是与农业发展所提供的物质基础有关的。同时,由此而导致全国性人多地少格局的形成,又对农业的发展方向产生深远的影响。

农业生产工具在这一时期没有重大的发展。如在江南地区虽然出现过代耕架，但并没有获得推广。这一方面是由于在封建地主制和小农经营条件下，农具改进已临近它的历史极限；另一方面也由于人多地少、劳力充裕的情况抑制了提高劳动效率的新式工具的产生。

人口激增、耕地不足，迫使人们进一步向边际土地、向传统的牧场进军，这一时期山区和海涂的利用又有所发展；而在人均土地面积减少的条件下，解决民食问题的主要途径是提高土地利用率。多熟种植的迅速发展成了这一时期农业生产的突出标志。在江南地区，双季稻开始推广；在华南和台湾部分地区，出现了一年三熟的种植制度；在北方，二年三熟制获得了发展。

精耕细作的农业技术又获得发展。深耕被进一步强调，耕法更为细致，为了弥补耕具的不足，出现了套耕、转耕等方法。肥料的种类、制造、施用继续有长足的进步，接近传统农业所能达到的极限。作物品种的选育有很大发展，地方品种大量涌现。各种作物的栽培方法也有不少新创造。在传统农业技术继续发展的同时，西方农业科学技术开始传入。这一时期不但出现像了《农政全书》这样集传统农业科学技术大成的著作，而且出现了一些高水平的地方性农书。

作物构成的变化也是显著的，影响最为深远的是新作物的引进。玉米、甘薯、马铃薯等耐旱耐瘠高产作物恰好适应了人口激增的需要，获得迅速推广，为中国农民征服贫瘠山区和高寒地区，解决民食问题作出了巨大贡献。烟草、花生、番茄、向日葵等经济作物的引进丰富了我国人民的经济生活。在作物构成的总体上，高产水稻的优势进一步加强。相比之下，牲畜结构的变化是不大的。

由于人口的增长，中唐以后农区大畜牧业衰落的趋势在明清时代继续加剧，但多种经营却获得进一步发展，而且形成了一些新的经济作物集中产区。明清是农业区获得相当大的扩展的时代。如明代对内蒙的屯垦，清代对内蒙、东北的开禁，对新疆、西南边疆、东南海岛和内地山区的开发等。在这个过程中,精耕细作的农业技术获得一定的推广,尤其是将东北开辟成重要农业区,意义特别重大。但森林资源由此遭到进一步破坏,传统牧区面积缩小,畜牧业在全国国民经济中比重再一次下降,出现了某种农林牧比例失调的趋向。

中国是世界农业的起源中心之一。中国农业在其发展过程中有一系列发明创造,形成了独特的生产结构、地区分布和技术体系;在农艺水平和单位面积产量等方面居于古代世界的前列,它的技术成就对世界农业的发展产生了巨大的影响。中国古代农业的特点可以用八个字来概括,这就是:多元交汇,精耕细作。它是中国古代农业强大生命力的来源,而中国古代农业的这种强大生命力,正是中华文化得以持续发展的最深厚的根基,也是中华文明火炬长明不灭的主要奥秘之一。

# 古代农业生产工具

农业生产工具自春秋战国以来称之为"田器"、"农器"和"农具"。制造农具的原料，最早是石、骨、蚌、角等。商周时代出现了青铜农具，种类有锛、臿(chā)、斧、镈、铲、耨(nòu)、镰、犁形器等。这是中国农具史上的一个重大进步。中国铁的冶铸技术发明最迟始于春秋。春秋战国之际，冶铁技术先后出现了生铁冶铸、炼钢和生铁柔化三项技术，使铁器成为更富有广阔前途的锐利工具，加快了铁农具代替木、石、青铜制农具的历史进程。铁农具的使用是农业生产上的一个转折点，它能清除大片森林，使之变为耕地、牧场，也使大面积的田野耕作成为可能；甚至使农业生产关系、土地耕作制度和作物栽培技术等也发生一系列的变化。中国古代的农具按功用可分为下列几类：

(1)高效的取水设备和机具。引水灌溉，最重要的是设法把低处的水引向高处。在这方面，中国古代有过不少巧妙的发明。人们熟悉的水车，也叫"翻车"、"龙骨车"、"水蜈蚣"。它出现于东汉三国之际，最初只用来浇灌园地，后来被水田区的农民广泛采用，将近2000年来，在生产上一直起着较大的作用。筒车，今天在许多地方还可见到，大约有1000年以上历史。这是把一个大的转轮，周围系上许多竹筒或木筒，安置在水边，转轮一部分没在水中，水流激动转轮，轮上的筒就川流不息地依次汲水注到岸上的田地里。元代王桢《农书》里记载的水转翻车、牛转翻车、驴转翻车、高转筒车，构造比较复杂，效率也比较高，都是从翻车和筒车变化出来的。高转筒车可以把水引到十丈以上高的地方。为了把水引向远处，则有连筒和架槽的发明。连筒是把粗大的竹竿去掉里面的节，一根根连接起来，下面随地势高下，用木石架起，可以跨越涧谷，把水引到很远的地方。架槽的设计基本上同连筒一样,只是用以引水的是木槽而已。这类器具,正如王桢所说:"大可下润于千顷,高可飞流于百尺,架之则远达,穴之则潜通,世间无不救之田,地上有可兴之雨。"这反映出中国古代这方面的创造发明之巧妙,高效而又实用。

(2)耕翻平整土地的农具。耒耜是犁普遍使用前的主要耕具。它类似现代还使用的铁铲、铁锹,也有叫耜的。使用耕畜牵引的耕犁,中国是从春秋战国才开始逐渐在一些地区普及使用的。甘肃武威磨咀子出土的西汉末年的木牛犁模型说明汉代耕犁已基本定型。汉武帝时,赵过推广"二牛三人耕"的耦犁,有犁辕、犁梢(犁柄)、犁底(犁床)、犁衡、犁箭等部件。犁壁(又叫犁镜或犁碗)在汉代已广泛使用。汉代的犁是直辕长辕犁,耕地时回头转弯不够灵活,起土费力,效率不高。经过不断改进,到唐代创制了新的曲辕犁,又叫作"江东犁"。当时陆龟蒙《耒耜经》中详细记述了它的部件、尺寸和作用。这种犁由铁制的犁铲、犁壁和木制的犁底、压铲、策额、犁箭、犁辕、犁梢、犁评、犁建、犁槃等部件组成。整个耕犁相当完备、先进,是中国耕犁发展到比较成熟阶段的典型。中国犁又被称作框形犁,是因为犁体由床、柱、柄、辕等部分构成,呈框形的原故。比起地中海勾辕犁、日耳曼方形犁、俄罗斯对犁、印度犁、马来犁等,它的优点是操作时犁身可以摆动,富有机动性,便于调整耕深、耕幅,且轻巧柔便,利于回转周旋,适于在小面积地块上耕作。另外,使用曲面犁壁,不仅可以更好地碎土,还可起垡作垄,进行条播,利于田间操作和管理。宋代发明了踏犁和犁刀,明代又发明了几种人力犁,但都应用范围不广。农田耕翻后,须经过碎土和平整。平整的农具最早耰(椎),以后有挞、劳(耢)、耙、碌碡(liùzhou)等。甘肃嘉峪关市发现的魏晋墓室壁画中有耙和耢的形象;广东连县西晋墓中出土了陶水田犁耙模型,犁和耙都用牛牵引。水田操作使用的耖,魏晋时南方也已较普遍地使用了。

(3)播种农具。最重要的创造发明是耧车,为汉武帝时搜粟都尉赵过大力推广的新农具之一。据东汉崔寔《政论》说："其法三犁共一牛，一人将之，下种挽耧，皆取备焉。日种一顷，至今三辅犹赖其利。""三犁"即三个耧脚。山西平陆枣园西汉晚期墓室壁画上有一人在挽耧下种，其耧车正是三脚耧。用耧车播种，一牛牵引耧，一人扶耧，种子盛在耧斗中，耧斗与空心的耧脚相通，一边向前进行一边摇动，种子就会自动落下。它能同时完成开沟、下种、覆盖三道工序。一次播种三行，行距一致，下种均匀，大大提高了播种效率和质量。

（4）中耕除草农具。一类是钱（此处读 jiǎn）、铲和铫，构造大同小异，实质是同一种农具。古代文献往往用来相互注释，《说文解字》十四："钱，铫也，古农器。"这类农具须运用手腕力量贴地平铲以除草松土，也可用来翻土。另一类是耨、镈和锄，就构造来说也大同小异，都是向后用力以间苗、除草和松土的农具，比钱、铲、铫要进步些，至今仍被大量使用着。春秋战国时已有了铁锄；汉代以后的铁锄和近代使用的基本上没有什么差异。耘是水田用的除草、松土农具。王祯《农书·农器图谱·钱镈门》中有耘图。宋、元之际的《种莳直说》中第一次记载了耧锄。这是一种用畜力牵引的中耕除草和培土农具。

（5）收获农具。新石器时代已有石制或蚌壳制的割取谷物穗子及蒿秆的铚与镰。金属出现后，则有青铜和铁制的铚和镰。几千年来，铚和镰的形制基本上没有多大变化。宋以前，还出现了拨镰、羿镰、推镰、钩镰等收获农具。王祯《农书·农器图谱》中记载的由麦钐、麦绰等组成的芟麦器，是一种比较先进的收获小麦的农具。谷物收割脱粒后，利用比重和风力把秕壳与籽粒分开的办法很早就使用了。从《诗经》中可以找到证明："维南有箕（箕斗，星名，二十八宿之一），不可以簸扬。"1973 年河南济源县泗涧沟汉墓出土的陶风车模型，说明最迟到西汉晚期已经发明了清理籽粒，分出糠秕的有效工具。

工具改进是生产力发展的最显著的标志，经济发展最根本原因是生产力发展的结果，是社会变革最活跃的因素，是推动生产关系和社会进步的决定力量。我国从原始社会向奴隶社会过渡,从奴隶社会向封建社会过渡,都由于生产力的进步(即生产工具的进步)引起的,而农业生产工具的不断改进无疑提高了生产力,满足了各个时代的需要,也成就了我国农业一直处于世界先进生产水平的地位。

# 取火、用火与火耕农业

火，帮助人类走出了茹毛饮血的时代，堪为人类文明的起点。我国史前先民创作了许多关于取火和用火的神话。

冥冥鸿荒，苍苍大地，在地老天荒的年月，黑夜里没有一点灯光，人类在凄凄惨惨的环境中苦苦地挣扎、生存。他们渴望着光明，渴望着温暖。为此，远古的人们编织了许许多多动听的神话。台湾高山族有《神鸟传火》的故事，说的是古代布农人住在茂密的阿里山森林中，以穴为屋，以兽皮为衣，都吃生食物，后来有一只叫"黑必士"的神鸟，将火种衔来给布农人，于是人类摆脱了寒冷与黑暗。

在我国传统的史书中，谈到人类取火，更多的要提到"燧人氏"的名字。《路史》有这样的一段记述："遂明国不识四时昼夜，有火树名遂木，屈盘万顷，有鸟名鸮，啄木则灿然火出，圣人感焉，因取其枝以钻火，号燧人"。这里的遂明国想必是想象中的，圣人燧人氏之所以发明了钻木取火，是因有神鸟鸮啄木出火的启示，这一历史的特写镜头不管是虚构的还是真实的，都引起了后人的极大兴趣。这个说法与高山族的神鸟黑必士衔火种给布农人有些相似之处，所不同的是把人类取火的功劳集中到了一个神化了的"圣人"的身上。关于燧人氏，《韩非子·五蠹》篇中也有记载："上古之世，人民少而禽兽众，人民不胜禽兽虫蛇……民食果蓏蚌蛤，腥臊恶臭，而伤害腹胃，民多疾病，有圣人作，钻燧取火，以化腥臊，而民悦之，使王天下，号之曰燧人氏。"这个说法是不无合理因素的。有关专家曾对"北京人"40个个体进行了考察，其平均寿命不足40岁，15岁以下夭折的占39.5%。这除了生活环境的极端恶化外，生食伤胃恐怕也是造成寿短的重要原因之一。

神话中关于火的发明，无疑是从人们的愿望与想象出发的。在我国，先民究竟何时知道用火的？这要借助于真实的考古材料来证明。中外考古学和古人类学的最新成果表明，人类发展到今天已走过了300万年的漫漫岁月。但是化石遗址中，有的没有同时发现石器，有的骨骼零碎不全，很难断定是否使用过火，因为找不到什么用火的遗迹。据专家们考证，世界上至今确实证明古人类最早用火的，理由最为充分的就是我国元谋人和北京人。前苏联考古工作者曾一度提出在西伯利亚发现了150万至200万年前古人类用火的痕迹，但仅仅是根据原始人遗留下来的工具碎片而简单推断的，很难科学地作为确定的依据。

我国是闻名于世的四大古国之一，距今170万年前的元谋人和距今五六十万年之前的北京人，为后人留下了珍贵的用火遗迹。1930年，我国考古学家首先发现了被火烧过的鹿角，然后发现北京人洞穴遗址有很厚的灰烬层，有的深达6米，里面埋有经火烧过的骨头和石块。灰烬的底层，多为黑色物质，据化验为草木炭灰。这些遗物遗迹无可争辩地表明，北京人——我们聪明的祖先，已经能利用火来取暖、烧烤野兽，并学会把火控制在一起有效地保留火种了。

当时，北京人遗址的用火遗迹，是世界上最早的人类用火的证明。曾纵野在《中国饮馔史》中说："过去很长一段时间，国外考古学家一直认为德国发现的距今20—30万年前的尼安德特人是世界上最早用火者，北京人的确凿证据，把人类用火的时间提前了大约20万年。"

继北京人用火遗址的发现产生轰动之后，1973年，考古学者在发掘元谋人化石产地时，惊喜地找到了旧石器，并在地层中意外地找到了大量炭屑，最大的竟达15厘米。与炭屑混杂的还有动物化石、烧骨和石器。据此，我国的考古学家们又自豪地得出了一个新的结论："我们认为元谋人化石里找到了可能是目前已知人类用火的最早证据。"

火的使用标志着人类征服了一个极其强大的自然力。德国历史学家卡尔·雅斯贝斯曾说："火和工具的使用，在我们看来，若没有这两样东西,恐怕难以成为人。"人类对火的控制,是人类制作第一把石刀之后,在人类历史上发生的第一件大事。而在这一伟大创造方面,我们的先民们作出了非凡的贡献,对推进人类文明产生了重要的影响。

火给人类带来的不仅仅是光明和温暖,有了火,人们经常可以吃到熟食,大大缩短了消化所必需的时间,减少了疾病,延长了寿命。以火熟食后,化腥臊,除恶臭,扩大了食物的来源和种类,原来不适于生吃的东西,如各种鱼类,经火烧烤后变成可口食物,加强了营养的吸收;用之狩猎,烧山林,逐禽兽,行之有效,不再常常丧生或狩无所获。火帮助人类告别了茹毛饮血的时代,带来了火耕农业的曙光。人们在"民以食为天"这个朴素的信条下,开始烧荒种地,燃草作肥,发展畜牧和农业。在长期的采集实践中,人们渐渐地认识了某些植物的生长规律;采集、渔猎经济迅速发展,相对定居形成,人类有可能、有条件进行作物栽培的尝试。但作物种植的推广要完全得益于火的普遍使用。在中国农业发展史上,由顺其自然的漫播到火耕是一大进步。

火,把人类引向了文明时代。我们的祖先在取火、用火方面给人类带来了巨大遗惠,这是我们可引以为骄傲的。最早的"圣火",带给后人的除了实实在在的恩泽外,不还有一种自强不息的民族精神吗?

# "畎亩之勤"看牛耕

我国古代的牛耕技术始于何时？至今尚无定论。可以肯定的是,我国是世界上使用牛耕较早的国家之一。农业是整个古代世界的决定性的生产部门,它的发展离不开生产工具的改进,当然也就离不开耕作技术的提高。

据史料记载,原来中原地区使用称为耒耜的脚踏耕具,耕作的人用手把着耒耜的柄,用脚踏着刃背,把锋刃刺入土中,向外挑拨,才能把一块土掘起来。耕地就是把土一块一块地挨次掘起来,耕作的人需要掘一块,退一步。这种后退间歇的工作方法,用力多但效果差。传说早在商代就用牛驾车,也有人根据甲骨文中"犁"字,像马、牛拉犁,破田起土,以此认为商代已有牛耕。这种推论证据是不充足的。即便如此,由于奴隶制的存在和当时社会生产力水平的限制,这种方式也只会囿于非常狭小的范围内。在耕种上主要还是使用犬这种畜力。甲骨文中有像双犬拉耒的象形文字,反映了这是商代井田上使用畜力耕作的主要方式。周代沿袭了这一耕作方式,但逐渐增加一犬,成三犬拉耒,这反映了周代在井田上加大了畜力,耕作方式有了改进,逐渐向深耕发展。

到了西周中晚期,情况发生了变化。在金文中出现了与耕作有关的象形文字。有的像人手执双耒,驱马耕作;有的像人双手执耒,赶着马在耕种。这就表明当时已开始改用大牲畜马来代替犬耕。通过有关金文字形的变化及频频出现,可推断马耕已不是稀奇之事。

史书上有这样的记载:周懿王时,一个奴隶主贵族为了奖赏世代为其效劳的家臣,便赏给他"四田",即四百亩田,与此同时,还赏赐给他"马十匹,牛十"。对于家臣来讲,赏赐这么多的马牛根本不可能完全用于车乘和祭祀，而应主要是用于被赏赐的"田"上，即用来进行耕作和运输。通过这个事例，可知当时的田主已经使用大牲畜马、牛来耕种土地了。

春秋初期，楚国农村中就有了较多的田主饲养耕牛。《史记·陈杞世家》记载，楚庄王时有"牵牛径人田，田主夺之牛"的传说。这表明在楚国已出现了一批田主，他们饲养耕牛，用牛耕种。在中原地区，《国语·晋语九》中记载："宗庙之栖，为畎亩之勤。"另外，从孔子弟子的名字中也可以略窥一斑，孔子弟子冉伯牛名耕，司马耕字子牛，这都从某一侧面反映在晋国和东方齐鲁等国，到春秋晚期，牛耕已屡见不鲜了。春秋战国时期，牛耕开始于东方，商鞅变法后，秦国后来居上，也普遍使用牛耕。当时还开始使用马耕，商鞅为了表现重视农业，规定："盗马者死，盗牛者加。"《盐铁论·散不足篇》中记载："古者"，人们用马代劳，"行则服扼（轭），止则就犁"。这里讲的"古者"当指战国和秦。畜力与铁器（我用劳动人民早在春秋战国时代就发明了铁制犁铧，这种坚硬、锋利、耐用、简易的铁制犁铧从战国到西汉都广泛地使用）的结合，给精耕细作提供了条件。

在牛耕史上，汉代是一个值得研究的重要时期。西汉中期牛耕有了显著的发展，汉武帝末年任用赵过为搜粟都尉，大力推广二牛三人式的耦犁。这种耦犁由二牛挽拉即通常所说的"二牛抬扛"，三人共同操作即由一人在前牵二牛，一人于单长辕的一侧控制犁辕，一人在后扶犁。继这种牛耕方式之后，劳动人民在长期实践中，又改进了耕犁的结构，发明了可以调节耕地深浅的活动式犁箭，取代了控制犁辕的掌辕人。由于冶铁技术的发展，新型农具不断出现，人们又在全铁制的犁铧上装置了犁壁。犁壁在犁铧的上方，具有深耕、翻土、碎土的良好作用，这是只能破土划沟的无壁犁做不到的。犁壁的发明是耕犁发展史上的第一次重大突破，具有承前启后的深远影响，也是中国犁对世界农业作出的重大贡献。随着耕作技术的进步，又取消了专门的牵牛人。据考证，到西汉晚期，我国的牛耕已开始进入了二牛一人式的发展阶段。这种牛耕方式较之二牛三人的牛耕方式节省了人力,无疑是牛耕史上的一大进步。

到魏晋南北朝时期,一牛一人的耕作方式正式形成并得以发展。三国时期,南方的孙吴和北方的曹魏仍沿用着二牛一人的耕作方式。到西晋时已逐渐实行一牛一人的牛耕方式了。在属于西晋时期的嘉峪关市新城 3 号墓中,出土了一块被标定为"屯垦"的画像砖。画砖的上部为一骑马武官率领两排持盾扛矛的兵士在列队行进,下部画有二人各扶一犁、各驱一牛在耕地。该画像砖所绘耕犁为双长辕犁,由一牛挽拉。这个图象第一次为我国提供了一牛一人从事耕作的生动的资料。河西地区尚且实行一人一牛的屯垦方式,那么在内地就更司空见惯了。

历史进入到南北朝时期,一牛一人的耕作方式得到了巩固。魏孝文帝时曾于 473 年下了一个诏书,其内容是:"牧守令长,勤率百姓,无令失时。同部之内,贫富相通,家有兼牛,通借无者,若不从诏,一门之内终年无仕。守宰不督察,免所居官。"这里的"兼牛"是指当时一家有两头以上的耕牛。"家有兼牛,通借无者"的意思是:一家之内如果有两头耕牛以上的,除留一头供自家使用外,其余的概不例外要借给无牛的人家使用。这道要求甚严的诏书是向北魏全境发布的,可见,北魏境内通行的是一牛一人的耕作方式。北齐在 564 年,对一头丁牛的受田限额和应输租调额也作了具体的规定,其中有"丁牛一头,受田六十亩"的法令条文,这表明北齐时一牛一人耕作方式得到了进一步的巩固。

隋朝统一全国,使农业生产继续向前发展具备了有利的客观条件,一牛一人的耕作方式日趋完善。到了唐朝初年,对农具又有很大的改进,突出的是发明了曲辕犁,使我国耕犁基本定型。唐代曲辕犁的出现,是继汉代犁耕发展之后又一次新的突破。曲辕犁的主要特征是变直辕为曲辕,即犁辕的前边大部分向下曲。旧式犁长一般在九尺左右,前及牛肩;曲辕犁长六尺左右(唐代一丈二尺相当于今六尺),只到牛后的犁槃处。犁辕合理缩短之后,犁架变小,重量减轻,轻便灵活,节省畜力,只用一头牛牵引就富富有余了。此外,曲辕犁还出现了犁舵,是在犁辕前端安装的一个丁字型木足,立木上穿过犁辕,可以转动。它既可以支撑犁辕,使犁平稳,又能在地上滑行,还有调节深浅、控制耕地方向的功能。曲辕犁的问世,使一牛一人的耕作方式达到了前所未有的水平。

耕作方式在不同时代的演变,从一个侧面反映了农业生产力的发展与进步。我国幅员辽阔、地形复杂、气候各异,牛耕方式在同一历史时期之内不可能整齐划一。马克思在《资本论》中曾指出:"牛拉犁的耕作方式是多种生产时期都通用的方法。"这一理论是符合我国国情的。耕作方式的演进,表明了社会的需要总是把科学技术和社会生产力不断地推向前进,这是一个不以人的意志为转移的规律。

# 井田制度与亚细亚生产方式

井田制是奴隶社会的土地国有制,它形成于原始社会末期,最初是农村公社的田制,到了夏商时代,井田被统治者全部掠夺而成为用以判断奴隶勤惰的单位,它从夏代开始,经夏、商两代至西周1000多年的历史而得到充分的发展。在西周,全部土地都归周天子所有,他通过层层分封,把王畿以外的土地分封给诸侯、卿大夫、士。而诸侯、卿大夫、士对土地只拥有使用权,并没有所有权。"田里不鬻",就是说不准买卖土地。谁若违犯,就要被"削地"、"废田"。层层分封时,为便于计算,就把土地分割成类似"豆腐干块"。计算单位是"田",一田一百亩(约相当于今天的三十一亩二分)。百步为亩,一夫一田即百亩。许多方块田连成一片,田与田之间的界埂,用以行走,称为"阡陌";各级奴隶主在自己的封地挖濠开沟,用以划界,叫做"经界"或"封疆"。因为这种田制形状似"井"字,所以被称为"井田制"。后人对井田制的解释主要有两种:一为土地形式,即由封地疆域构成土地的方块状,田中又有沟渠、道路,纵横交错而将其分割成整齐的"井"字。二为经营方式,即被"井"字分割的九块方田中,分为公田和私田。居中一块为公田,周围八块皆为私田。私田由庶人(即农奴)耕种,但须先为奴隶主贵族的公田耕种后,才能在私田劳作。实质是对奴隶的盘剥。随着春秋后期土地私有制的出现,井田制便慢慢瓦解了。

井田制不仅是我国历史上的极重要的土地制度,而且也是世界历史上土地所有形式中的一个重要范例。井田制度与革命导师马克思所讲述的亚细亚生产方式存在着某种内在的联系,中国井田制时期的历史,清晰地打着"亚细亚"的烙印。

马克思在 19 世纪的 50 年代和 80 年代,除对资本主义社会作了最精辟、最深刻的剖析外,还找到了一件东西、一种结构(首先是经济的结构)。这种结构,由于起初从印度获至资料,并且当时马克思把这种结构看做是一种生产方式,故而称之为"亚细亚生产方式"。其实,它在前资本主义的阶级社会中是一种遗存。由于这种结构、这种形式,在我国井田时期的历史上存在过,这种存在和东方某些典型"亚细亚"古国比较虽然不是完备的,但与我国其他段落历史上的这种遗存比较,还是较为吻合或充分的。

有的学者把"亚细亚"形式的特征,作了四分法的表述:土地国有,水利灌溉,农村公社,专制主义。这种表述,当然不可能是平列的,农村公社是一个主要特征。按照马克思的本人表述来讲,它是原始氏族公社的次生形态,因而,它已经具有了二重性,即公有制和私有制的二重性。

《诗经·小雅·北山》中写道:"溥(普)天之下,莫非王土;率土之滨,莫非王臣。"这就是说整个天下的土地,都是周王的;沿着土地四周居住的人,都是周王的臣民。这集中反映了西周土地"王"有的情况。很明显,这种奴隶社会的土地所有制应属于马克思所说的亚细亚的财产形态。在这里,"不存在个人所有,只有个人占有;公社是真正的实际所有者;所以,财产只是作为公共的土地财产而存在"。井田制正是这种土地所有制的具体形态。但是,此时已建立了奴隶制国家,国王已成为"凌驾于所有这一切小的共同体之上的总合的统一体,表现为更高的所有者或唯一的所有者"(《马克思恩格斯全集》第 46 卷),因而这种"公共的土地"又具有奴隶主阶级的土地国有制的性质。

在井田制时期,除了王和贵族及劳动者以外,还有传统悠久的古老的共同体,那就是农村公社。它不是一种可有可无的虚设机构,手中也有一定的权力,它执掌土地的分配与轮换,还有除去分配和轮换之外的一些其他公共职能,如户口、田土、兵事、役作、治安等。《国语·周语》中有"古者不料民而知其多少"的记载,这就反映出了公社掌理户口的史实。

关于水利灌溉，中国的井田时期是比较缺少的，这也是与马克思的亚细亚生产方式的轻微断裂处。中国夏、商、周的主要地区，相当于今天的豫北、豫西、晋南、冀南和关中以至鲁西一带。这一带的人们习惯依赖天然降雨来灌溉田地。中国的上古也有"沟洫"。《周礼·考工记》中记载了"匠人"为沟洫的情况，大体说，"井"与"井"间广四尺、深四尺，谓之"沟"；方十里为"成"，"成"与"成"间广八尺、深八尺，谓之"洫"。沟洫布置是否如此整齐姑且不去考究，但就其功能来讲，主要是用来排水的，通过疏导把积下来的水引到天然的河川中去，以免洪涝。当然排水与浇水不能截然地分离，排洪的过程中必有蓄水的举动，但像亚细亚生产方式中所讲到的如阿拉伯和次大陆那样的水利灌溉工程及其与农业生产息息相连的关系，在中国的井田时期恐怕是缺乏的或不能与之相比的。

"亚细亚"的全部特征在井田制时期的历史上，不可能完备地表现出来，但是马克思所揭示的"亚细亚"形式的理论，却大大帮助了人们对井田制的剖析。井田制作为不完整的公社所有制与不完整的"王"有和贵族所有制的混合体，不失为一种比较标准的"亚细亚"式的古代土地所有制。

# 税收的起源与发展

**"税"** 字在我国古代出现较晚,由此而常常引起人们对税收起源时代的争论。众所周知,中华民族是伴随着农业经济的发展而步入文明社会的,因而最初的税收也不可能跨出这个领域。税收作为最原始的一种财政收入形式,早在国家形成与发展的夏商西周时期就已出现了,只不过当时它并不称"税",而多称"助"、"籍"、"彻"、"赋"等,这从先秦古代文献记载中可以找到佐证。

夏代是我国最早的奴隶制国家,《尚书·禹贡》篇和《孟子·滕文公上》中都讲我国税收源于夏代,这无疑是与"税收形式随国家形式而产生"这一观点相吻合的。虽然上述记载里不免掺杂着某些古史传说,但从后人的大量追述与论证中,可以看到这种判断的可信性。夏代的税收,其最初形式为劳役和实物两种,进入商周时期,税收形式有了一些发展,到春秋中后期,税收形式日趋成熟。税收的最初形成不论处于怎样的阶段,始终与井田制这个基础息息相关。

据历史记载,夏王朝的财政主要来源,一是被征服部落或直接统治区的实物纳贡收入,即通常所说的"任土作贡";一是对直接统治区农业劳动者(奴隶和自由民)的劳役剥削与农产谷物的征派。前者是"贡"不是税,而后者则与农业生产直接相关,因此,应被看做税收的最初形态。尽管强制的纳贡收入也算是充裕国用的一种有效手段,但统治者还是需要有一种相对稳定的财政收入作保证,这个稳定的收入就是我们所讲的税收。

《左传·哀公五年》记载夏少康时,有"有田一成,有众一旅"之说,《夏小正》有"初服于公田"的记载,这些都说明井田制是自夏以来的由

"共有地"向"私有地"逐渐过渡的土地制度。这可以历史地透视出,在夏代固定地圈划出部分"共有地",借民力助耕之,国家以无偿取得"共有地"上的全部农产品来作为国家费用开支是与古夏的历史相符合的。在夏代,距王城百里的奴隶与自由民以提供无偿劳役为主,即农业生产者在"共有地"上为夏统治者提供无偿劳动,并将全部农产品上缴给国家。但是,夏代的"共有地"与"份地"之间的界限还不很分明。尽管如此,国家既已建立,"共有地"的性质也就发生了变化,不再是氏族公社时期那样只作为"支付集体费用"的"共有地"了。虽然这种劳役形态的税收形式还不定时、定量、定率,但它与"任土作贡"的贡纳方式是不同的,因此,劳役形态是税收的初始形态之一。税收的另一原始形态表现在对直接统治区农业生产谷物的征派。在当时的社会经济条件下,农业生产已成为主要生产手段,因而,它可以提供相对稳定的财政收入。同时,农业谷物不仅是人畜生存的基本需要,也是国家财政中的一个重要支柱。而征派于农业生产的财政收入形式,恰好适应了当时国家的这一需要。不过,这种对农产谷物的征派方式有自己的特点,它既不同于后来的定时、定量、定率的实物税,也有别于"任土作贡",准确地说它是夏王朝对以往氏族部落集中公共需要遗风的沿袭和发展的产物。这可以从《尚书·禹贡》的有关记载中得到证明。据载,低级的实物税收形式以王城为中心,依据距王城的远近划出环状区,按远精近粗原则,规定各地区的谷物缴纳内容,如最远者纳禾,最近者纳"总"(即全禾)。这其中并没有说明谷物缴纳者各分得了多少面积的土地,也没有规定缴纳谷物的数额标准。

在夏王朝实行劳役税制与原始的实物税制之后,取代夏的商,在向臣民均分土地时,在每几块分配给私人的田块之外,划出一块"公田"(即共有地),由分得"私田"的生产者来共同承担,即提供无偿剩余劳动,国家集中"公田"所获之谷物以为国用所需。这就是史籍上所说的"助"法,也就是"籍田以力"的劳役税制。而"彻田为粮"的"彻"法,是周较早实施的一种劳役剥削方式,自从周灭商后,这种方法难以继续实施,因而,为充裕国用,周统治者必须将"彻"法变通,即对其本族成员实行"籍田以力"的剥削方式,另对被征服的夏商后裔采取"七十而助"或"九一而助"的征收方式。然而,伴随着生产力和私有制的发展,出现了"民不尽力于公田"的状况,"彻"法难以继续奏效。相传在西周宣王即位前后,"国"中的"籍田以力"办法即公田相对集中、借民力助耕之法,渐渐地改用"民耕百亩,彻取十亩以为赋"的"彻"法。这样开始纳入了定率征收的轨道。孟子所言的"国中十一使自赋",其实就是指"彻"法。

春秋时代,铁制农具的使用和牛耕的出现,促进了井田制的瓦解与新税制的诞生。在古代生产力非常落后的情况下,奴隶们使用极为落后的农具耕种,被开垦的熟地是比较少的,而荒地是大量的。使用铁制工具和牛耕后,所开垦的土地逐渐增多。这些新开垦的土地不在井田之内,成了各个奴隶主的私田,而私田是不向上一级奴隶主纳贡的。这样,奴隶主阶级的最高统治者就减少了收入。奴隶的逃亡和私田的增加,使井田制的籍田税制受到了较大的冲击。在这种历史背景下,前594年,鲁国实行了初税亩。税亩,即"履亩而税",是按照田亩的多少征税的意思。"初税亩"的产生,是我国春秋时期赋税制度的重大改革,它表明夏商西周时期的劳役与实物税制终于完成了各自的历史使命。由此,国家财政收入形式开始采用同时具有"三性"的税收形式。

税收在特定的经济条件下产生,在政治权力的保护下,不同的时代它都将发挥出重要的作用。其形式和内容不是一成不变的,而是在逐渐地发展着、完善着。

# 关税制度今昔

早在奴隶制、封建制时期，许多国家就在出入国境的通道上设立关卡，向外国商人征税。这是海关制度的萌芽。在这种萌芽阶段，征收关税的行为就习以为常了。关税是伴随着商业和对外贸易的发展而诞生、成长的。

在我国关税究竟起于何时？这是一个未成定论的问题，但诸多的史籍记载为我们提供了难得的线索。《孟子·梁惠王下》有这样的记述："昔者文王之治歧也……关市讥而不征……"其意思是说，周文王在治理歧周时，在关口和市场上只稽查，不征税。

另据文献记载，在周朝时就已经实行了关税统制。周朝的财政组织机构有两套人马："地官"系统管理收入，"天官"部门掌管支出。而地官中就有司市，司市的属官中就有"司关"。《周礼·地官司徒下》说："司关掌国货之节，以联门市。司货贿（货物）之出入者，掌其治禁，与其征廛。"这就表明司关的职能不仅是检查奸商，而且有征收关税的职责。除此之外，还有这样的规定："凡货不出于官者，举其货，罚其人。"意思是说，对绕过关卡有意逃避纳税的，一经抓获，就要没收全部货物并给以必要的处罚。由此不难看出，国家对关税的管理是较严格的，有较强制的保障措施。但这并不意味着政策没有任何灵活性，在国家遭到饥荒、疾疫蔓延的情况下，不能僵化地照收不误。尽管如此，为了不让奸商违法出入，在盘查上还是较严格的。

关税的征收在量上还是有一定的规定性的，这通过税率可以反映出来。《管子·幼官篇》中说："田租百取五，市赋百取二，关赋百取一……"这表明当时的关税税率为1％，比起田租市赋虽不算大，但也不失为一笔可观的收入。当时的各国为了增加财政的收入,同时也为了加强对对外贸易的管理,都建立了较完备的关税制度。有的甚至将征税的差事作为赏赐给予私人。《左传》中有这样的记载:宋武公时,因耏(ér)班抵御长狄国的侵扰有功,于是"以门赏耏班,使食其征,谓之耏门"。这里提到的门指的就是关门,征指的就是税收。这种状况,导致关税制度更加繁苛,在操作上滋生了许多不合理的行为。目睹着当时的关税现实,齐相晏婴等审时度势,提出了反对的观点,鞭笞"逼介之关,暴征其私"的现象;孟轲在对关税的认识上更为激进,甚至主张取缔关税。这些主张尽管反映了一部分人的利益要求,但是就其经济发展的趋势而言,对于有些应运而生的东西,是很难把它们逼下历史舞台的。伴随着商业的日趋发达,关税的种类只能是有增无减,关税制度势必会日臻完善。

关税既然是国家财政收入的一个重要来源,它就不可避免地影响到一个国家的对内对外的有关政策。《战国策·魏策三》曾有这样的记载:朱己(无忌)劝说魏王对秦国攻打韩国之事不要持支持的态度,理由就是为了维持周边的安宁,达到扩充韩魏间之关税收入的目的。他慷慨陈词道:若魏国不进攻韩国,不以邻为敌,在边境上共同设关,会"共有其赋,足以富国"。既然如此又何乐而不为呢?

关税制度在不同的历史时期有不同的表现。根据史籍记载,中国在唐代就设有"市舶司",负责对各国往来沿海口岸的船舶征收关税。市舶司在盛唐时期创设于广州。广州原是贪官污吏攫取海外贸易暴利的场所。《旧唐书·卢钧传》中有这样的记载:"南海有蛮舶之利,珍货辐辏,旧帅作法兴利以致富,凡为南海者,靡不捆载而还。"海外贸易利润不为国家所得,却养肥了贪官污吏。为此有识之士向朝廷建议,"南海多珍翠奇宝,可往营致,因言市舶之利",宜"稍收利入宫"。所以广州设使后,即行征税,凡"蕃舶泊步,有下碇税"。舶货"除舶脚收市进奉外",舶商才能任其来往流通,自由进行交易。舶脚即关税,所以唐代市舶司本身就是一个税收机构。市舶司征税之后,大量的海外贸易利润转化为国家财政收入。

宋代是积贫积弱的国家,财政常常拮据。其收入主要来自东南地区,然而"东南之利,舶商居其一"。由于"市舶之利颇助国用",因此宋政府在一切可以设司获利的港口都设了市舶司,它执行着征税的职能。宋代市舶司的税率和国家财政状况的好坏紧密相关。大体上北宋淳化以来至神宗熙宁间,国家财政状况较好,税率呈下降的趋势,宋太宗淳化二年为"十分取二",到真宗、仁宗时为"十取其一",至宋徽宗崇宁以后恢复到真宗、仁宗时"十取其一",宋高宗绍兴六年前达到"细色十取其二,粗色十五取一",绍兴十四年乃至"十分取四"。税率的变化,表明市舶收入与国家财政状况有密切的关系。

关税制度的演变伴随着历史的风风雨雨。鸦片战争后,帝国主义凭借不平等条约攫取和控制了中国海关的行政管理权和关税自主权。中华人民共和国成立以后,取消了帝国主义在华的一切特权,实行了对外贸易管制。1950年1月27日政务院发布了《关于关税政策和海关工作的决定》,有步骤地对海关进行了根本性的改革,制定和实行了新中国的海关法、进出口税则和其他新的规章法令。关税制度由此而走上了健康发展的道路。

# 行会的昌隆与匿迹

随着商品经济的发展和商人社会地位的提高，相应地商人的社会活动也日益活跃起来。商人们在社会上经常抛头露面，成为社会活动最为积极的参与者，有时甚至是组织者。

谈到商人的社会活动，也就是商人的社会生活，主要是从两个方面反映出来，一是商人们组织的社会团体，二是商人们参与社会公益事业。

商人们的团体即社会组织，主要是由于商务的关系或地域的关系而形成的，其形成和发展也有其自身的过程和规律，经历了一个不断壮大、逐步完善的过程。

"行会"就是这样的一种组织。在大多数国家里都或长或短地经历了一个行会时代。行会是城市商人和手工业者为了保障本行业及其成员的利益而建立的封建性组织。行会订立许多行规，目的在于限制同业竞争，规定经营范围，维护同行利益，保持传统习惯。作为封建时代城市工商业者的一种组织，行会经过了一个由巅峰到低谷的兴衰过程，有着促进和阻碍生产力和商品经济发展的功过。

行会是在世袭职业的演变过程中形成的，在市场竞争未达到相互不能容忍的地步时，世袭职业就不会发展到行会，因为不需要借助或依仗行会特权来保护切身的职业利益。据文献记载，我国行会的正式出现始于隋代。在隋代时，南北长期分裂局面的结束，政治上的统一，促进了交通的便利和各地物资的互通，城市与工商业也得到了较快的发展，于是在个别中心城市里，竞争日渐加剧，小业主们只有建立某种团体才能保护自己的切身利益不受分割和侵犯，把外来的异地的竞争者排除于仍是很狭窄的市场之外，为此源远流长的世袭职业开始分化为行会。行会天然就充满着狭隘,携带着变异。它不可能一次就产生完毕,而要伴随着社会分工的发展而不断增加。正像马克思在《资本论》中所阐述的:"如果外部情况唤起更进一步的分工,现有的行会就会自行分裂为几个分支的行会,或在旧行会旁边建立起新的行会。"可见,行会是与社会分工的发展不可分割的。

中国的行会体现了行会的一般特点,它作为一定历史阶段的产物,受着文明进程的制约。马克思、恩格斯在《关于历史唯物主义的信》中曾指出:"行会……这些社会关系仅只是适应于已获得的生产力和以前存在过的曾使这些制度产生出来的社会状况的。"这段分析的科学性在中国行会的成长史中可以透视出来。

中国行会的产生时期,一般公认为是在隋唐时代。据史料记述,隋之"丰都市……其内一百二十行";到唐代时,行会的数目有增无减,宋敏求《长安志》中记载,长安"东市……有二百二十行"。唐代的行会已具有较明显的排他性。《全唐诗》二十八卷中曾有这样的一段文字:"卢氏子失第,徒步出都城,逆旅寒甚,有一人续至……问姓名,曰姓李,世织绫锦,前属东都官锦坊,近以薄技投本行。皆云以今花样与前不同,不谓伎俩,见以文采求售者,不重于世如此,且东归去。"从这段记述中知道,一位姓李的工匠原在洛阳的官锦坊做工,他来到长安,请求参加长安民间的织绫锦行会,但遭到了无情的回绝,理由是现在的花样与从前不同,他的手艺已经落后了,不符合行会规定的技术标准和当时的市场要求。这段描述表明,真正的行会已经活生生地建立起来,职业利益已成为在行会保护下不容他人随意渗透的职业特权,劳动倘若不是行会的劳动,就很难得到社会的认可。

历史发展到两宋时期,行会达到了鼎盛,出现了前所未有的兴旺景象。行会的发展可从数目与规模上反映出来。宋代城市中,各种各样的行会层出不穷,神宗时有"百六十余行"。个别城市,行会的数量成倍增长,以杭州为例,"京都有四百四十余行"。行会由寥若晨星到星罗棋布,意味着生产力的发展与进步,表明分工的精细与完善。宋代的行会并不囿于少数通都大邑,而是向地方城市延伸,各州县里行会也屡见不鲜。随着行会对城市经济生活的广泛控制,有一部分成员金玉满堂、富贵无比。他们开铺列肆,大都雇有帮工来跑前跑后。宋代的行会已明显地向两极发展,既有富有的商人和手工业老板们的行会,也有贫苦的工匠们的行会。

到了元代,民间手工业遭到严重摧残,行会也受到了较大的冲击。商业行会在商业繁荣的基础上鹤立鸡群,一花独放。明代,对工匠改行"轮班"和"住坐"的政策,经济强制略有弛缓,但匠户的户籍仍然遵循元代的制度。工匠渐渐获得独立经营的自由,行会因而得到了恢复,充满生气。就行会的数量而言,虽不能与宋代并论,但从力量上来看却略胜一筹,这主要表现在行会老板和工匠为保卫行会利益而一致对付封建势力的凝聚力上。在反封建的斗争中,行会老板和工匠愿意并能够拧成一股绳,但在其内部也并非没有磨擦与冲突。明代也开始有了行会工人反对行会老板的罢工,这种罢工是与争取必要的经济利益相连的,它意味着新的因素已在行会生产关系中酝酿和萌芽。

行会跨入清代和民国之后,开始走进了发展和衰亡时期。清代,行会有了进一步的发展,全国工商业,从城市到集镇,几乎都被行会所把持。拿鸦片战争后的上海来说,行会的势力尚无法消除,壁垒依旧森严,"造华人屋宇者谓之本帮,造洋房者谓之红帮,判若鸿沟,不能逾越"。到了辛亥革命以后,随着民族资本主义经济的发展,行会的势力逐渐削弱,在社会和经济舞台上扮演着平平淡淡的角色,只在少数古老的行业里,才给它留下了残喘与生存的空间。有的地方虽存在着行会的外壳,但实际上已是名不副实了。尽管如此,行会还是有着较强的生命力的,在经济落后的地区仍有一定的势力范围,直到 20 世纪 50 年代,它才恋恋不舍但又无可奈何地在我国彻底消失。

研究行会制度嬗变的轨迹,可以看到行会是中世纪市民创立的封锁性职业团体,代表着一种城市的封建生产关系,它使整个城市都被行会精神所浸染,给市民的经济文化和日常生活,都涂抹上了浓厚的行会色彩。行会虽然与封建制度有着某种不可分割的关系,但它作为城市的封建生产关系,还是有自己的特点的。行会手工业者最本质的特征,表现在他是自己的工具和劳动产品的主人。《马克思恩格斯全集》第四十六卷中有这样的论述:"对工具的所有权,或者说……表现为劳动者的特殊技能,这种特殊技能使他成为工具所有者。"这种包括劳动者个人特殊技能在内的工具所有制,是同手工业、交换发展水平不高这样的经济状况相适应的所有制形式。

行会与资本主义萌芽往往互助相依,有一段亲密共处的时期,前者为资本主义萌芽准备着一定的条件。但就本质来讲,两者是处于对抗地位的。行会实质上是镶嵌在前资本主义的土地所有制和近代的资本所有制这两大财产形式之间的一个中间环节,它既有保守的一面,也有进步的一面,既阻止过人类社会走向近代文明,也作出过一些不可磨灭的贡献,对此,我们要用历史的、辩证的观点予以客观的评价。

# 洋务运动管窥

假如有人提出，近代中国最大的一次带有改革色彩的经济运动是什么？了解鸦片战争后中国社会经济变化和改革思潮的人都会答道是洋务运动。

两次鸦片战争的惨败，一系列不平等条约的签订，大片国土的丧失，民族危机的日渐加深，促使一度沉睡的中国人觉醒，也使清朝统治集团内部产生了分化。19世纪60年代到90年代，以奕䜣、曾国藩、李鸿章、左宗棠、张之洞为代表的清朝官僚，在"自强"、"求富"的梦幻支配下，引进西方先进技术，引入西式教育，兴办了一批近代军事、民用工业，创办新式海军，这些活动被称为洋务运动。

洋务运动是中国早期的近代化运动，是在变落后为先进、变封建主义为资本主义、变贫弱为富强的变革思潮条件下产生和发展的，是在清政府遭受太平天国革命和英法联军入侵双重压力面前，采取"两害相权取其轻"的策略下起步的。就其运动的主观目的来讲是为了维护清王朝已摇摇欲坠的封建统治。但是将洋务运动置于经济规律中进行客观的考察，可以看到，它反映和顺应了资本主义的历史发展趋势，为中国引进先进的生产力，促进中国近代资本主义的产生和发展，产生了一定的积极影响。

洋务活动范围非常广泛，但用力最多的是建立军事工业。军事工业基本上不是资本主义性质的企业，而是封建官府的垄断工业，具有浓厚的封建性。洋务派在兴办军事工业的过程中，遇到了一系列棘手的问题。首先是财政方面的严重困难。由于反侵略战争失败的赔款和对内镇压农民起义的庞大军事费用，清政府的财政已经十分匮乏，而军事工业的建立和维持都需要巨额的经费,洋务派百方聚财,仍无法筹措足够的款项。其次是原料、燃料、交通运输等方面的困难。军事工业需要大量的煤铁供应以及运输、电信方面的配合,如不解决这些问题,军事工业便有陷于瘫痪的危险。在这样一个严峻的现实面前,洋务派提出了"寓强于富"的口号。从19世纪70年代开始,他们在进行"求强"活动的同时,着手经营以"求富"为目的的民用企业,其中包括采矿、冶炼、纺织等工业以及航运、铁路、电讯等企业。1872年,李鸿章在上海设立轮船招商局。这是洋务运动由军事工业转向民用企业,由官办转向官督商办的第一个企业。该局开始经营时仅有轮船3艘,至1877年增至12艘,同年又以银220万两收买美商旗昌洋行,得大小轮船18艘,使轮船总数达到30艘。李鸿章曾洋洋得意地讲:"招商轮船,实为开办洋务四十年来最得手文字。"1877年,李鸿章在天津设立开平矿务局;1880年,在天津设立电报总局,在上海设立机器织布局。1888年,张之洞在广州筹设官办织布局;1889年,又在广州筹建官办炼铁厂。

洋务派兴办的民用企业,基本上是资本主义性质的企业,但仍带有较明显的封建性。不论是官办、官督商办或官商合办的民用企业,都与军事工业不同,它们是商品生产的近代企业,产品主要销售于市场,经营的目的是为了获得利润。这些企业中有以出卖劳动力为生的工人和劳资关系。在官督商办和官商合办的企业中,还招集了商股,有了私人的投资,其资本主义性质比官办民用企业更为明显。虽然所谓商股,大半是官僚、地主或买办的投资,但他们既然是以商人的身份出现,不是代表官方的利益,便成为最早从官僚、地主、买办转化过来的资本家。不过这些民用企业夹杂着较浓厚的封建色彩。官办的民用企业,所有权和经营权完全属于清政府。在官督商办和官商合办的企业中,其经营管理权主要落在官僚买办手中。

洋务派兴办的民用企业,大都还具有垄断性,成为封建买办势力压抑民族资本主义发展的工具。上海机器织布局成立之后,李鸿章就于

1882年奏准"十年以内,只准华商附股搭办,不准另行设局",该局产品若在上海零星销售,免纳税厘,运入内地时仅纳海关正税。华盛机器纺织总厂成立后,李鸿章又于1894年奏准"无论官办商办,即以现办纱机四十万锭子、布机五千张为额,十年以内不准续添"。这样一来,民族资本便被排斥在棉纺业范围之外了。

洋务派在兴办近代工业的过程中,遭到了清朝封建顽固派的强烈反对。封建顽固派是由清朝统治集团中一些昏愦贪鄙、思想僵化的大贵族和大官僚结成的反动政治集团。他们竭力维护封建社会中一切最落后、最腐朽的东西,仇视任何进步的新生事物。他们把近代大工业生产和科学技术视为"奇技淫巧"、"雕虫小技",他们一再重弹"华夷之辨"、"敬天法祖"等陈词滥调,攻击洋务派兴办的近代工业和学堂是"用夷变夏"、"奉夷人为师",妄图使中国永远处于愚昧落后、闭关自守的状态。这些都暴露了他们自己是腐败社会制度的维护者和经济技术进步的羁绊者。

由于腐朽的封建制度的阻碍和外国资本帝国主义侵略的不断深入,也由于洋务运动本身无法摆脱的局限性,洋务运动未能使中国走上富强之路。清朝统治者既腐朽又顽固,他们不能也不情愿对封建制度进行任何实质性的变革。洋务运动"自强"、"求富"的梦幻,以《马关条约》的签订而宣告破产。历史车轮拖着中国滑向了半封建半殖民地深渊的更深处。

一场引起一定震动的带有改革色彩的经济运动,令国人铭记,其历史的缺憾要靠后人来补,其美好的梦幻也要靠后人来圆……

# 从"洋火"到民族火柴厂

中国人曾一度把从外国输入的商品习惯地加个"洋"字,于是就有了"洋火"这个多数人都不会感到陌生的火柴的代名词。旧中国民族工业大都萧条、残缺,许多商品的生产都操纵在帝国主义手中,市场上充斥着外国商品。因此,在当时的背景下国人对洋货已司空见惯了,他们渴望使用自己的民族工业产品,但又常常不得不接受无可奈何的现实。

我国第一家民族火柴厂诞生于 1879 年,取名为巧明火柴厂,是广东肇庆的卫省轩在佛山县文昌沙开设的。生产过程都由手工操作,顺序是先把夹立板和火柴杆交给附近居民去插枝,也就是将火柴杆一根根地插在夹立板上,然后送回厂里上油、上药。每天大约可以生产一万多盒火柴。可见,最初的火柴工业尚处在襁褓之中。

第一次世界大战爆发后,帝国主义因忙于战争,暂时放松了对我国的侵略,在市场上外国的"洋火"有所减少,这样又刺激了我国的火柴业的发展。但大战结束后,帝国主义卷土重来,日本等国的火柴又充斥我国市场。许多民族火柴厂只能勉强维持少量生产。

在旧中国民族火柴工业中,有较大影响的虽然也不算少,但大中华火柴公司却占有重要的地位。它是著名的民族资本家刘鸿生 1930 年创立的。在轰轰烈烈的抵制洋货的爱国运动的影响下,在帝国主义国家忙于战后恢复工作暂时放松了对中国的侵略的背景下,刘鸿生对办民族工业企业产生了兴趣。1920 年 1 月,他在苏州与人合伙开办鸿生火柴公司,自己出资 9 万元,整个资本 12 万元。到了 1926 年,鸿生火柴公司资本已增至 50 万元。1927 年以后,瑞典火柴公司在中国市场上进行了大规模的跌价倾销,输入的火柴数量剧增。销售区域除在中国沿海大城市外,还深入到内地中小城市,与国产火柴的销售市场形成了角逐之势。面对有限市场的大量被侵占,刘鸿生于1928年发起成立了江苏省火柴同业联合会,倡议鸿生与当时较有规模的荧昌、中华火柴公司合并,他认为"合并后势力雄厚,对外竞争,自必较胜一筹。赫胥氏物竞天择两义,商战自以物竞为唯一主旨"。面对鼎足而立之势,若三家相互竞争、倾轧,结果会三败俱伤;若三家合并起来,扬各自之所长,就能占领较大的市场,获取更大的利润。这种意图透露给荧昌、中华两家时,荧昌一拍即合,而中华却未有表态,结果事情没有成功。

伴随着瑞典火柴向中国市场变本加厉地倾销,民族火柴工业危机日趋严重,"东北各厂全数倒闭,广东厂家亦倒闭过半,苏浙皖各厂虽根基较固,而停业亦及小半"。面对这种现实的威胁,为了有效地抵制瑞典火柴倾销的加剧,1929年11月下旬,全国各地民族火柴厂代表在上海集会,讨论"挽救国货火柴工业方策",决定成立全国火柴同业联合会,推举刘鸿生为该会主席。会后组成了请愿团,由刘鸿生亲自率领去南京向国民党政府请愿,请求援助国货火柴工业,但是国民党政府对此无动于衷,未采取切实的措施或行动。在碰了钉子之后,刘鸿生痛彻地感到,"若专恃国家保护政策与社会爱国心理,而不力图改进,实非商业竞争上之根本办法,即勉强收效,亦不过侥幸于一时而已",根本的出路,在于依靠民族火柴工业自身的力量,实行同业合并,这样才能从根本上扭转困境。基于这样的思考,1929年12月底,刘鸿生又分别致函荧昌和中华两火柴公司商讨合并的旧案。经过权衡利弊,荧昌即表示"实有合并之必要",中华也表示"凡百事业不有巨大之联合,即无以求进展而图存立"。由于达成了共识,1930年7月,鸿生、荧昌、中华三火柴公司在上海正式进行同业合并,改名为大中华火柴股份有限公司,下辖上海荧昌、镇江荧昌、苏州鸿生和周浦中华四个火柴制造厂,资本191万元,刘鸿生占28%,被推举为总经理。这样,民族火柴工业中的一支有重要影响的力量,开始生机勃勃地发展起来。

大中华火柴公司创业伊始,产品销售的重点就集中在长江中下游各省。随着对同行业的不断兼并,到 1934 年,大中华的直属企业已有七个火柴厂和一个梗片厂,资本已增至 365 万元,年产火柴达 15 万箱,约占华中地区火柴总产量的 50％,全国火柴总产量的 15％,堪为全国当时最大的一家火柴公司。

回顾大中华火柴公司的成长轨迹,人们不难看到,在半封建半殖民地的环境中孕育的民族火柴工业,不可避免地也会出现资本集中的现象。分析其原因固然是多方面的,但主要的原因还在于外国垄断资本势力的侵占与压迫。民族火柴工业从它产生那天起,就是作为同帝国主义相抗衡的力量而存在的,其间也备受帝国主义侵略势力的排挤、打击。民族火柴工业中的资本集中,在客观上无疑起到了保护民族工业的作用。面对摇摇欲坠的严酷现实,假如不实行同业合并而各自为战,那就必然存在被外国企业所蚕食的危险,就会将大片的市场拱手相让于外国资本。因此,大中华火柴公司的诞生,与其说是为了赚取更多的利润,还不如说是为了抵制外国垄断资本势力的侵略,为了维持自身的生存与发展,把民族火柴工业从外国垄断资本的侵逼之下拯救出来。

旧中国民族火柴工业的成长历史,可谓是民族资本发展的一个缩影。尽管它最终摆脱不了被外国垄断资本和官僚资本所吞噬的厄运,但它留给后人的启迪却是珍贵而长久的。

# 民族资本企业的"号训"

敬业精神是一个企业、一个国家、一个民族宝贵的财富，它不是来自外力的强迫，而是发自内心的渴求；它不是某个社会阶段、集团所特有的，而是具有一定普遍意义并得到广泛认同的真谛。在旧中国，不少民族资本企业的诸多"号训"，就体现着这种敬业精神。

民族资本企业既有先天不足，也有后天的发育不良。为了在帝国主义和封建主义双重压迫的夹缝中生存、发展，为了扭转在资金、技术上无法同帝国主义较量的劣势，在无"天时"、"地利"优势可言的现实面前，就必须去悉心挖掘"人和"的潜力了，为此，就要在管理上下工夫，从而增强企业内部的凝聚力。

著名的爱国实业家、民生公司总经理卢作孚曾发表过这样的见地："在实业竞争剧烈的现代，凡有眼光的决不肯太从原料资料上去较量，还得从人才的雇佣中求经济。他们都感觉到人尽其才，才尽其用，才是打胜的条件。"在这样的一种观念支配下，强调创办民生公司的目的是"服务社会，便利群众，开发产业，富强国家"，宣称"个人为事业服务，事业为社会服务"，"事业的任务是超经济的，个人的工作是超报酬的"；"公司的问题职工解决，职工的问题公司解决"；"职业的得失，完全把握在自己手上，只有努力斗争，才能使事业不离开自己"，"忍耐，苦干，就能成为出人头地的时势英雄"。这些朴实而深邃的原则、口号，树立起了一面不可摇撼的旗帜，逐渐成为民生公司赖以增强职工责任感和归宿感的精神力量。在这种企业精神的鼓舞下，全员职工焕发出了热情与干劲，在20世纪30年代初一举成为川江上最富有朝气的民族资本航运企业，在同帝国主义航运势力的较量中，不屈不挠，一次次地走向成功。

20 世纪 40 年代西南最大的百货贸易公司宝元通百货公司有一种统率公司的"团体精神",其宗旨十分鲜明,即"以经营百货,从事生产为业务,发展民族经济为目的",强调宝元通的经营原则是"图事业于久大","推大于微,图难于易,由近而远,自卑而高"。在这种目标和原则的指导之下,推出了宝元通职工应恪守的 16 字"号训",即"牺牲小我,顾全大我,服务社会,发展事业"。由于"软件"建设的到位,宝元通路路通,成为西南信誉最卓著的百货公司。

爱国实业家范旭东在天津创办久大精盐公司、永利化学工业公司、黄海化学工业研究社,合称"久(大)永(利)黄(海)工业团体"。这个工业团体将发展中国化工事业的经验教训概括为四大信条,即:我们在原则上绝对相信科学;我们在事业上积极发展实业;我们在行动上宁愿牺牲个人,顾全团体;我们在精神上以能服务社会为最大光荣。范旭东、侯德榜等老一辈化工专家在这些信条的鞭策下,发明了"侯氏碱法",依靠当时世界上最先进的制碱法,使久永黄工业团体腾达起来,成为闻名遐迩的化学工业集团。

在 20 世纪 30 年代各个民族资本典型企业所提出的具有一定感召力的企业精神,反映了一些有良知、有抱负的民族资产阶级代表人物兴办实业、富强国家的主张。在外患未除、国势堪忧的背景下,以开发产业救国,以内涵丰富的企业精神兴业,这无疑是一种积极而有效的途径。有了企业精神,就有了工人对企业的凝聚力。抗战初期,天津、南京遭到了日本帝国主义铁蹄的蹂躏,相继沦陷,久永黄工业团体迁至了四川,在白手起家、举步艰难的情况下,职工队伍并未有所动摇,靠着精诚团结、不甘沉沦的精神,迅速地恢复生产,保证了抗战期间军民对纯碱的需要。

民生公司在国难当头的时候,也义不容辞地承担了社会责任,把爱国、服务社会等口号付诸实践。抗战爆发后,国民政府迁到了四川重庆,大批机关、学校、工厂的器材都需要转移到后方,当时蜀道难带来了许多困扰,只好主要借助长江这个天然的水上运输通道。但是三峡险情迭生,下游船只航行艰难,在这种情况下,民生公司的人站了出来,加入了撤退运输的队伍,并发挥着主力作用。尽管天上有敌人飞机的轰炸,尽管航道上有急流险滩的阻挡,但民生职工都没有畏惧、退却,他们用正义的行动谱写了一首战时抢运的进行曲,用可贵的品格证明了"民生精神"的实效与光大。

民族资本企业中的"号训"或企业精神,既体现了管理中的思想精华,又不可避免地受到当时社会政治经济秩序的制约与冲击。祸国殃民的内战,难以遏制的通货膨胀,经营萎缩、入不敷出的困窘,恶化了企业精神成长的土壤,使之最终不得不接受瓦解的厄运。但是,这些典型民族资本企业那予人启发的"号训",那精心培育起来的企业精神,对今天的企业管理是不无借鉴意义的,我们的任务应该是在挖掘、筛选中弘扬其精华,以便使其更好地服务于振兴中华的伟业。

# 大禹治水的传说与伟绩

在我国悠远浩瀚的历史长河中,蕴藏着许多家喻户晓、脍炙人口的传说。其中,大禹治水就是流传甚广的一个。

禹是我国原始社会末期,中原地区最后一个部落联盟的首领,传说他因善于治理洪水而被人们拥戴、敬仰。在尧舜时期,相传中原一带发生了罕见的水灾,大水淹没了平地和丘陵,人们只好离乡背井,到高山或高地去,风餐露宿,缺衣少食,苦不堪言。尧要部落联盟议事推举一个能治理洪水的人,"四岳"一致都推荐鲧(gǔn)。

鲧就是禹的父亲,是活动在今河南嵩山附近伊河、洛河一带的一个部落的酋长。这一带属黄淮平原地区,因黄河从陕晋黄土高原进入平原,流速骤减,泥沙沉积,河床增高,因而洪水经常肆虐,水患连年不断。鲧部落在长期与水患作斗争中积累起了防洪治洪的经验,因而受到"四岳"的信赖,并被推荐。据说,鲧治水的主要方法是"障",就是说靠筑堤来拦水。这种办法对治理小的水患是有效的,但在特大的凶猛水势面前也无能为力,只好望"水"兴叹。

舜继位之后,把鲧的儿子禹推为治理洪水的人。禹接受了鲧失败的教训,不再用土掩水,而要用沟洫把水导走。根据地形,统一规划,"高高下下,疏川导滞"。他带领人们冒着寒风,顶着酷暑,年复一年地在地上挖大沟,凿通山岳。为了凿通龙关山,从几百里外的积石山开始直到龙门要凿出一个大空穴来。禹亲自探察地形,进入了一个大山穴,里面漆黑一片,笼罩着死寂与恐怖。在这种情况下,他便点起火把,缓缓地向前探索。在那艰苦跋涉的日子里,他不分昼夜,风雨兼程,在锲而不舍的努力下,终于弄清了地势,凿通了龙门,把河水从这里排泄出去。

禹致力于治水大业，劳作在崇山峻岭之中，身先士卒，不畏艰辛，以天下为己任。据说他一直到而立之年，仍单身生活，殚精竭虑只为治好洪水。结婚之后，新婚刚刚四天，他便告别了蜜月生活，日日夜夜地战斗在治水工地上。《史记·夏本纪》中有"劳身焦思，居外十三年，过家门不敢入"的记载。据说，禹治理洪水时，亲自拿着畚箕、铲子，披星戴月，顶风冒雨，不辞辛劳。他的手上脚上都磨出了厚厚的茧子，指甲被磨光了，腿肚上汗毛也全被碱水腐蚀掉了。年纪还不很大，就染上了一身的病。但他仍是一跛一颠地来回在治水工地上指挥着、忙碌着，最后，终于把水患平定下去，使众多的百姓纷纷从高地迁回到久别的平原，有了一个比较安定的生活环境。

大禹治水，造福百姓，成为我国古代人民力量和智慧的象征。19世纪初的法国学者缪塞曾充满激情地讲："中国人民是一个一向培植和尊重知识的民族。"

把禹治水视为中华民族勤劳智慧的象征，并不言过其实。商周时代，人们就在原始诗歌中歌颂禹的功绩。诗中唱道："大水向东流，这都是禹的功绩。"还有一首诗唱道："当茫茫的洪水铺天而来时，是禹治理了它才又露出了地面的土壤。"1000多年后的春秋时代，鲁国昭公元年（公元前541年）时，一个名叫刘定公的人赞叹过："美哉禹功，明德远矣。微禹，吾其鱼乎！"意思是说，禹的功劳伟大无比，他给人类的遗惠影响深远。假如没有禹，我们早成为鱼虾了。史学家们考证，在我国古老的铜器铭文里，也有关于禹治水的记载，说他是"平水土定九州的人"。这说明禹治洪水是一个很悠久的传说。我国著名的史学家范文澜用历史唯物主义的观点分析了大禹治水的历史意义："禹是古帝中被崇拜的一人。许多古老民族都说远古曾有一次洪水，是不可抵抗的大天灾。独在黄炎族神话里说是洪水被禹治得'地平天成'了。这种克服自然、人定胜天的伟大精神，是禹治洪水神话的真实意义。"

禹是有史记载的人类第一次同洪水搏斗，以维护人类基本生存环境的人,也堪为人类第一次化水害为水利,运用初步掌握的自然规律大胆治水的人。尽管后世人无法对大禹治水作出确切的考证,尽管那缥缈的年代充满着神秘,但这些传说足以证明从远古时期始,我们的祖先就已经在维护生存条件的斗争中,逐渐地掌握治洪治涝的方法,就已经开始兴建自己的水利设施了。无论是堵掩还是疏浚,都不失为治理水患的有效的基本方法。今天,世界上宏伟的防波堤、拦河大坝,都是"堵"的方法的现代发展,而挖运河、疏通河道,又都是"疏"的方法的体现。

大禹治水,给后人以恩泽与启迪,的的确确是一件使世界震惊的原始社会末期的伟大工程。禹的功劳,永远被后人铭记,编织成我国古代神话中一段段动人的故事。河南开封有"禹王台",传说大禹曾在治水时在这里住过;禹县有"禹王锁蛟井",相传禹曾在此降服了兴风作浪的蛟龙;浙江绍兴有"禹庙"和"大禹陵",禹庙旁边有石船,一丈多长,据说是禹乘坐的,庙中还有铁制的鞋底,相传是禹穿用的;山西河津县有"禹门口",传说禹曾在这里凿山治水。大禹治水的伟绩,将永远被人们所传颂,铭记在芸芸众生的心里;禹的忘我精神,将世代被讴歌,记载在我国人民征服自然的伟大篇章中。

# 魂牵悠悠的灵渠

古老的岁月，留下了许多奇特的水利工程。在辉煌的运河发展史册上，镌刻下了灵渠这个精美的名字。灵渠悠悠，已走过了 2000 多个春秋，它与大运河、都江堰一样，在历史上作出了有口皆碑的贡献。

灵渠位于我国广西壮族自治区兴安县境内，又叫兴安运河或湘桂运河。它的诞生和成长经历了不平凡的年月。秦始皇统一六国后，为了巩固新创建的封建统一国家，在北击匈奴的同时，于秦始皇二十八年（公元前 219 年），又亲临湖南，指挥统一岭南（五岭以南的南越地区，今广东、广西一带）的进军。为了行军和运粮的便利，解决进攻南越秦军的粮草供应问题，令"使监（御史）禄（人名，一名史禄）"主持凿渠运粮。在水利专家史禄领导下，由秦军士卒和当地民工一起，劈山削崖，筑堤开渠，经过数年的艰苦努力，终于在秦始皇三十三年（公元前 214 年），凿通了长约60 里的灵渠，打开了南北水路交通的要道，为统一岭南创造了必要的条件。粮食、给养通过水道运来后，秦军终于将"百越"之地全部占领，建置南海、桂林、象郡三郡；也为后来南北经济交流奠定了基础，它使长江水系同珠江水系联结起来，对中原地区同南方、西南的经济文化交流起了重要作用。而且由灵渠联结起来的这两大水系，南北延伸约 2000 千米，在世界航运工程上占有光辉的地位。

灵渠是选择在湘江、漓江上游，距广西壮族自治区兴安县城较近的地方开凿的。长江支流湘江的上游和珠江支流漓江的上游，恰巧同出于兴安县城附近，而且最近处相距仅有 3 里左右，中间山梁低矮，高不逾 30米，宽不过 1 里。史禄正是充分利用这个地理条件，进行了设计施工，开凿灵渠，把湘江和漓江连接起来。它的主要工程是一个用巨石砌成的屹立在湘江上游的分水坝,堤坝前端的形状像犁头,故称为"铧嘴"。铧嘴高 6 米,长 74 米,宽 23.4 米,尖端指向海阳河主流线,作用是减弱水势,将江水分成两支,虽然没有绝对做到"三分漓水七分湘",却也堪为匠心独运。湘江水被破成两股之后,依着两边的滚水坝分别流入北渠(北渠向北流通湘江)和南渠(南渠经过兴安县城向西流通漓江)。滚水坝起着平衡水位的作用,既能提高湘江水位,又可拦河蓄水,堤坝稍低于江岸,泄洪容易,可免除水患。由于有巧夺天工的设计,使得灵渠之水涨而不溢,枯而不竭,保持安全的流量。

灵渠所经之地,地势险要,水流湍急,不便于航行。因此灵渠的设计者将河道开凿得弯弯曲曲,迂回多折,以便延伸流程,减缓流速,保持来往航船的畅通平稳。更值得一提的是,灵渠中设置了 30 多个"陡门",又叫"斗门",即简单的船闸。在渠道两岸,各用巨石砌成一座半圆弧形,弧顶两两相对,中间形成口门。陡门一般 5 米左右,仅容一船进出,可用箔篷堵塞,便于临时启闭。这样陡门就可以用来分段控制水流,启闭某一段的陡门,可以提高这一段的水位,南北往来船只可以循序上进和下降。载重大船可自湘江上溯,节节前进,安然过山。这在运输上节省了大量的人力,灵渠名副其实地成为开发岭南的重要航路。宋代人在《岭南代答》中曾饱含激情地描述道:"渠内置斗门三十有六,每舟入一斗门,则复闸(塞)之,俟水积,而舟以渐进,故能循崖而上,建瓴而下,以通南北之舟楫。"2000 多年以后,我国长江上的葛洲坝船闸,又一次利用了祖先的聪明才智。

灵渠在烽火烟云的年代修成,后经历代修整,对农田水利和交通运输发挥了重要的作用。汉武帝曾利用这条航路,平服了在岭南发生的叛乱割据。灵渠还沟通了长江和珠江两大水系。直到明清两代,灵渠之上还是"巨船鳞次,舳舻相望",来往客船、货船不断,盛况空前。灵渠与春秋时期吴国所修的邗沟,同为世界上最古老的运河。它比美国所修的巴拿马梯级运河要早 2000 多年。在没有水泥、炸药的年代,工匠和治水专家们,巧妙地作出引湘入漓的规划,堪为因地制宜的典范。精心的科学设计,坚固的分水建筑,无不表明我国古代科学技术水平的高超和我国劳动人民的伟大创造才能。

岁月的流逝,历史的变迁,湮没不了灵渠的功效。2000多年来,灵渠默默地承担着南北水路交通通道的职责,在促进南北经济、文化交流的过程中不断地发挥作用。解放前虽有过多年失修、泛滥成灾的苦涩经历,但是解放后,在党和政府的领导下,灵渠又焕发了青春。由于现代化交通的发展,灵渠已失去了水利交通枢纽的作用。尽管如此,它在灌溉方面却找到了用武之地。原来以运输为主的灵渠,改为以灌溉为主之后,其灌溉面积已由解放时的2500亩扩大到32000多亩,整个水利网受益面积达到60000亩左右。

为人类造福的灵渠,其名字将永远被后人铭记。站在灵渠秦堤边,除了浮想联翩之外,谁能不为我们祖先的伟大创造力而感到自豪呢?

# 古航道放歌

英国著名科技史家李约瑟的学生坦普尔曾把中国称为"发明的国度",这种说法并不言过其实。在包罗万象的众多发明中,提到改造山河的伟大创举,人们自然要想到大运河这个诞生在中华大地上,功绩显赫、闻名于世的伟大工程。它历经了风风雨雨,目睹了人世沧桑,古老的航道,记载着修凿其身的年月,传诵着经久不息的悠歌。

流淌在我国境内的大江大河,大部分是从西往东横向流动的,在古代,当现代化的交通工具还没有问世以前,南北往来受到了制约,开通一条纵贯南北的水路运输线既迫切又必要。而把这一愿望付诸实践的是隋朝第二代国君隋炀帝。隋炀帝从大业元年(605年)至大业六年(610年),仅仅六年时间就完成了大运河的开凿任务。隋运河全长四五千里,以洛阳为中心,共分四段。各段修筑得气势恢弘,史称:"水面阔四十步……两岸为大道,种榆柳,自东都(洛阳)至江都,二千余里,树荫相交。"

奔流不息的大运河,从隋朝的废都中流过来,至唐宋时期,在经济上起着日益重要的作用。唐代诗人皮日休在《汴河铭》中赞誉道:"北通涿郡之渔商,南运江都之转输,其为利也博哉!"大运河在调节南北粮食余缺、南粮北运方面,发挥着不可替代的重要作用,以致在宋朝有"天下转漕,仰此一渠"的说法。

至元朝时,对大运河进行了一次大规模的整治和开发,重新开通了大运河的河道。元朝的运河,以大都为中心,南行越过黄河、淮河、长江、太湖流域,直通杭州。这条大运河自汴河以南用了隋朝以来的旧河道。

汴河以北则为新开的渠道，直从山东境内穿过，不再绕道河南洛阳，这大大缩短了南北运河的距离。元朝大运河总长为3000余里，其格局与今天的运河大体相同。

明清时代，大运河成为最重要的南北交通线，弘治时大学士李东阳说："国家定都北方，东南漕运岁百余万艘，使船往来无虚日，民船贾舶，多不可籍数，率此道焉。"尤其是供应百官俸禄、军饷、宫廷消费的东南漕粮也由此输送北京，因而明朝视运河如命脉，从水渠、闸坝、河道堤防三个方面进行了有效的管理。

大运河凝结着我国古代劳动人民的智慧和汗水，它的历史作用永远为后人所铭记。一条贯穿南北的重要水路通道的开辟，不仅便利了运输，也促进了沿岸商业城市的崛起，这对商品经济的发展和社会的进步，无疑起到了助推的作用。运河城扬州，在唐朝时就处于全国经济的重要地位："兼水漕陆挽之利，有泽渔山伐之饶，俗具五方，地绵千里。"杭州之所以成为重要的都市，恐怕也与运河的开凿分不开。有人说"杭州的繁荣始于唐"，这话是符合历史事实的。大运河修筑后杭州恰好为大运河水运的一个收讫点，因此，在中唐之后，经济和社会发展迅速，于是赢得了"东南名郡"的美称。当然，因运河的运输而繁华、闻名的地方还有很多，如山东的德州、临清、济宁，江苏的淮安等。

大运河历经了诸多朝代的变迁，在世界运河工程史上写下了辉煌的一页，处于遥遥领先的地位。我国的大运河，就长度来说，较世界有名的巴拿马运河和苏伊士运河长10倍至20倍。拿元朝京杭大运河来讲，总长度为1780多千米，而巴拿马运河才不过80多千米，苏伊士运河也仅为190多千米。从时间来看，我国的隋运河开于7世纪初，元运河修于14世纪，而巴拿马运河与苏伊士运河一直到19世纪后期和20世纪初才开凿通航。大运河浩大的工程，耗费了众多的人力，据估计，隋朝时前后共征发了360万劳动力。可见,大运河构筑的是劳动人民的智慧,流淌的是劳动人民挥洒的汗水。南宋著名诗人陆游曾怀着雅兴从京口(今江苏镇江)走到浙江钱塘江,沿途还见到隋朝时大运河工程所堆积的土,"皆阔十丈,夹岗如连山",从这种描述中可以看出工程的巨大规模。

大运河,这一举世闻名的古老航道,在今人看来,也许已经步入了暮年。但她仍在不倦地讲述着悠悠岁月里发生的故事,仍在精心地编织着娓娓动听的新的歌谣……

# 泽被千秋的都江堰

长江有一条支流叫岷江，岷江中游有一座著名的水利工程叫都江堰。都江堰水利工程兴建至今历经了 2000 多个春秋，它一度创造了世界水利史上的奇迹，可谓举世无双；它一直默默地造福于后人，堪称功著万代。

都江堰修筑的时代正值战国时期，当时铁工具得到了广泛应用，开渠挖河的条件得到了保证，从而带来了水利建设的兴盛，这为都江堰的修筑提供了物质准备，而岷江的肆虐是修筑都江堰水利工程的直接原因。作为长江支流的岷江，发源于海拔 3000 米高的万山丛中，穿过峻山峡谷，汹涌澎湃，奔流而下。到了成都平原，忽然跌落到海拔只有 600 米左右的平川，流速变得缓慢下来，江水中携带的大量泥沙，渐渐沉积，淤塞河道。每逢久旱不雨，大片土地龟裂；每至雨季水涨，江水奔涌，泛滥成灾。众多的百姓深受其苦，他们祈祷着，渴望连年的水害能够得到治理。

把这一夙愿变成现实的是秦国的蜀郡守李冰。战国时期，秦国在成都建立了蜀郡，秦昭王任命"能知天文地理"的李冰为蜀郡守。李冰一到任，便深入民众，体察民情，致力于解决岷江水患。他广泛地查阅史料，悉心体会前人的治水经验，认真地设计和规划，在十足的信心和成功的预测的鼓舞下，调动了大量人力和物力，经过披星戴月、夜以继日地劳作，终于筑就了都江堰这座大规模的综合水利工程。

都江堰工程包括渠首和灌溉渠道两大系统。渠首工程的枢纽工程包括分水堤、飞沙堰和宝瓶口三个主要部分。分水堤的前端恰似鱼嘴，故称为分水鱼嘴，现在又称都江堰鱼嘴。鱼嘴分水堤好像一把利剑，插入岷江江心，把岷江一截为二，东边的内江供灌溉，西边的外江是正流，在排洪和通航时发挥功效。

李冰带领庞大的民工队伍，把玉垒山劈开，劈出去的石堆称"离堆"。离堆与玉垒山对峙着，形成了一个长80米，宽仅20米的进水口。由于它狭窄若瓶颈，故起名为宝瓶口。巧用天然的山，劈成两半，来夹住水流，使奔泻而下的内江水穿过宝瓶口，然后才能流到灌溉渠道系统，这样使宝瓶口承担起控制内江流量的重要使命。这种亘古未有、巧妙至极的设计，为后世人所赞叹。灌溉渠道系统包括四条大干渠和众多的支渠毛渠，它们织成网状相互配合着，一道去滋润着辽阔而肥沃的成都平原。

在分水堤和宝瓶口之间修筑了飞沙堰。这是一道看上去较矮的滚水坝。人们在游览都江堰的时候，一定会对石刻的"深淘滩，低作堰"六个字留下很深的印象，其实这就是修筑飞沙堰的指导方针。飞沙堰有举足轻重的作用，涨水季节，内江过量的洪水，连同挟带的泥沙，可以漫过飞沙堰，滚入外江，这避免了沙石淤积良田。堰流量过大时，往往把堰冲垮，直接涌入外江，这恰好为内江灌区摆脱了威胁。飞沙堰与宝瓶口等默契地配合，保证了内江灌区既有充分的水源又不受洪水的侵害。

在水利监测方面，李冰让石匠凿了三个石人，立在内江水中，使水位保持在不低于石人脚、不没过石人肩的范围内。这三个石人可谓是世界上最早的测量水位高低的仪器。

都江堰凭借分水堤、飞沙堰和宝瓶口三个部分浑然一体、天衣无缝的结合，有效地发挥出了防洪、灌溉、航运的多元功能。它的筑成，控制住了岷江的泛滥，降伏了以往殃田殃民、有如脱缰之马的洪水；灌溉了一马平川的300万亩良田，将成都平原变成了"水旱从人，不知饥馑"的"天府之国"；开辟了一条具有一定经济价值的水道，为我国西南部带来了便利的航运。

都江堰的名字，古往今来曾令多少人魂牵梦萦、心往神驰，那有如天造地设的科学策划又使多少人叹为观止、拍案叫绝。都江堰的设计整个配套严密而完整;利用地形切割山岩,措施简便,事半功倍;工程用料不舍近材,省工高效。面对一重重困难,李冰和民工们想出一种种妙法。为了修筑鱼嘴分水堤,李冰让民工从山上砍竹子,编成一个个竹笼,里面装满鹅卵石,在江中层层相叠,果然奏效,如愿以偿;为了打穿玉垒山、开凿宝瓶口,李冰令民工将木柴堆积在岩石上放火点燃,趁岩石烧得滚烫时浇上冷水,顽石便在冷热骤变时炸裂,这在没有炸药的年代,无疑创造了开山的奇迹。

都江堰历经悠悠的岁月,而它的名字始终紧紧与李冰连在一起。为了纪念李冰,并仰仗他的威力镇住"孽龙",保住一方不受洪水之害的丰收与安宁,不同朝代的后人以不同的方式感恩戴德,用石像和庙宇等表达追思与企望。

东汉时期,造有一尊高大的李冰石像,威风凛凛地立于江心。石像高 2.9 米,身穿长袍,腰束玉带,垂手直立,面露微笑,神态自若。漫漫岁月的流逝,使之受到了风雨的侵蚀,后来悄然地藏到了外江的江底。1974 年 3 月,在整修都江堰水利工程的时候,石像被挖掘出来。石像身上刻着"蜀郡李府君讳冰",又刻着"东汉灵帝建宁元年"(168 年)。这一古迹的发现,佐证了都江堰由李冰主持修建这一史实。倘若有机会去都江堰的话,大家不妨到伏龙观大殿里看一看,因为那尊栩栩如生的石像一直完好无损地陈列在那里。

在唐宋时期,不忘前人恩泽的人们,在江边山上修建了一座崇德庙,以铭记、歌颂李冰及其儿子的功德。每至春夏之交,勤劳的百姓插秧之后,便成群结队,携幼扶老,手持香烛,祭祀"李王"。声声祷告昭示了一颗颗虔诚的心,频频叩拜表达了一种种真挚的情。

历史在变迁,新中国诞生以后,都江堰这座古老的水利工程,又焕发出新的生机。党和政府都十分重视这一水利工程的深度开发。经过多次的整治,都江堰灌溉面积已由 300 万亩发展到 800 万亩。灌溉的范围,已由成都平原地区,通过龙泉山隧道,扩延到川中的丘陵地带。历经数代的都江堰越发发挥出效用来。

都江堰这座泽被千秋的水利工程,在世界水利史上已留下了光辉的一页,它给古老的华夏增添了光彩,它给勤劳的人民带来了自豪,但愿它的续篇更雄浑、更宏伟、更壮观……

# 《齐民要术》的治生之学

经济学就其分支来说是较为广泛的,在微观经济学领域,中国古代的先贤先哲曾不惜笔墨,为后人留下了许多经济思想遗产。谁是开创家庭经济学先河的鼻祖且不去考究,就中国封建社会论述家庭经营管理问题的著作而言,《齐民要术》堪称是第一部了。

古代的家庭经济学最早产生于先秦的商家,其研究的初衷在于如何通过经商来达到生意兴隆、财源茂盛的目的,因而,概而言之,早期的治生之学实际上就是商人的治生之学,贴切地说也就是商人的家庭经济学。由于商人的社会成分特点决定了他们在生产方式变革中的力量是十分微弱的,在封建生产方式的围墙内,商业和商人资本的走势跨越不出封建经济发展的格局。当历史演进到西汉时期,封建地主土地所有制日渐巩固,商人资本的实力不断加强,处在地主阶级的从属阶层的商人,把购置土地作为剩余资金投入的一个重要渠道,在这个过程中也就实现了由商人到地主的跨越。史学家司马迁曾提出了"以末致财,用本守之"的论点,这就恰当地反映了中国封建社会早期商人资本向地主阶级倾斜的客观要求,意味着商人治生之学向地主治生之学过渡的开始。如何"用本守之"呢?对此史学家没作具体的阐述,这一理论空白可以说是在北朝时的贾思勰著作《齐民要术》之后而填补的。

"齐"与"平"同义,"齐民"即"平民"。《齐民要术》就是平民百姓谋求生计的重要方法。全书分 10 卷,92 篇,共 11 万多字。作者旁征博引,吸取了不同时期各家著作的精华,广泛汇集了历史文献中的农业生产技术知识。《齐民要术》不仅是史料记载的最古老、最完整的农书,而且也是治生之学的典范。

《齐民要术》中所研究的家庭经济学,有一定的理论体系或框架。其内容大致由三个部分组成,即治生之道、治生之理和治生之策。所谓治生之道是指家庭经营对象或经营途径的选择及与此有关的理论说明;所谓治生之理是关于私人经营管理的有关原则及规律性认识;所谓治生之策是指微观经济管理的具体筹划、措施。这三个部分组合在一起,形成了一个缜密的有机体,其中治生之道占主导地位,在各部分相互配合的过程中发挥着枢纽或统率的功能。

贾思勰有关治生之道的论述,主要精力是放在如何选择经营对象问题上。司马迁的"本富为上,末富次之"、"用贫求富,农不如工,工不如商"的主张在这里未得到认同。贾思勰确定了这样一个有所标新立异的命题,即:"夫治生之道,不仕则农。若昧于田畴,则多匮乏"。从中可以看出,他把治生活动中的经营对象或者途径,干脆地归结为从政与务农,主张只有做官和务农才是"治家人先业",取得并保持、扩充私人财富的正当途径。实际上他在态度明朗地告诫人们:假若不重视农业生产,不关心、不讲求封建地产的经营管理问题,到头来就要无可奈何地接受贫困。在"不仕则农"的思想主宰下,贾思勰提出:"舍本逐末,贤哲所非。日富岁贫,饥寒之渐。故商贾之事,阙而不录。"这样一来,就把经营工商业从治生之道中灰溜溜地赶出去了,在《齐民要术》之中已找不到什么印记。

在腐朽的封建社会,"学而优则仕"的思想深入人心,"一人得道,鸡犬升天"的向往,丰厚的俸禄和难以计数的特权收入的诱惑,对趾高气扬、威风凛凛的显赫地位的痴迷,使许多封建君子对从政做官都煞费苦心、昼思夜想。在这样的一种社会背景下,就难怪贾思勰把"仕"视为治生的主要途径了。但是,如何通过从政做官达到发财的目的?这方面不知作者出于怎样的思考,惜墨如金,未加丝毫的论述,而把精力、热情和重心都倾注到了"以农治生"的理论说明上。他在《齐民要术·种谷第三》中写道:"食者,民之本;民者,国之本;国者,君之本。是故人君上因天时,下尽地利,中用人力,是以群生逐长,五谷蕃殖。"字里行间,流露出重农的思想,他告诉人们,农业乃老百姓的衣食之源,是人类生存繁衍的最基本条件,要治国,要安民,要富裕,就要潜心农业生产的经营与管理。对这种理论细加分析便知道,它只是从宏观的角度来叙述"以农富国"论的。怎样把"重农"理论从宏观的富国之学的思维定势中摆脱出来,转换到微观的治生之学中来呢?作者机智地提出了"家国一义"的论点,轻而易举地回避了一个难题。他写道:"家犹国,国犹家,是以家贫则思良妻,国乱则思良相,其义一也。"通过这样的一个理论纽带,就昭示了私人家庭的经营管理和封建国家的国民经济管理具有一脉相承之处,有着已为人们所揭示的共同的规律。这种似乎有些牵强的解释,虽缺乏理论性与透彻性,但它毕竟给"以农治生"找到了理论根据,这对后来家庭经济学的发展有一定的借鉴意义。

明确了治生之道以后,就要围绕经营对象展开理论研究,探索其经营规律。在贾思勰看来,在农业经营管理中要注重勤劳,耕作和织布是有饭吃、有衣穿的必要条件,若想通过"以农治生"来获得和增值财富,离开了辛勤耕耘、努力生产是根本做不到的。他笃信前人"人生在勤,勤则不匮"、"力能胜贫,谨能胜祸"的良训,努力让人们相信这样的一个事实,即在同样的自然条件下,由于主体的勤与惰的不同,将在最终的劳动成果上表现出鲜明的反差。除了强调凭勤奋劳动以"强本"之外,贾思勰还特别提倡俭,强调"节用"。他感慨道:"既饱而后轻食,既暖而后轻衣。或由年谷丰穰而忽于蓄积,或由布帛伏赡而轻于施与。穷窘之来,所由有渐。"这就告诫人们,不要奢侈浪费,一粥一饭,当思来之不易,一丝一缕,应念物力维艰。贾思勰之所以把勤俭持家与致富作为治生之理提出来,是与当时生产力发展状况和农业经济的特点分不开的。在漫长的封建社会里,农业劳动生产率较低,人们为大自然的威力所恐惧,在"人定胜天"成为幻想的情况下,自然要滋生靠天吃饭、听天由命的思想。较少的剩余产品、家庭中较少的储备,要求人们必须把较多的精力放在耕作与节约上,在解决温饱的基础上渐渐地使财富有所增长。如果把工商业管理中"用奇胜"的战略引到农业经营管理中来显然是不适宜的,因而才有勤俭持家以致富理论的市场。

在贾思勰看来,以农治生,既要注重勤俭致富品德的养成,又要注重对佃户或雇工的有效管理。他认为,"凡人之性好懒惰矣",不能较好地驾驭劳动者克己事农,增加劳动的热情或积极性,就不利于保持、扩充土地和增加地租收入。为此,他提出了很有思想且具备一定操作性的主张:对佃户和雇工既要"督课有方",又要注意"抚恤其人"。这种软与硬兼施、怀柔与惩罚相结合的管理和统治方法,是符合地主阶级利益的,有利于调节地主与农民之间的矛盾。

在治生之理中,贾思勰还强调因天时、尽地利,把按照农业生产规律办事与讲求"以农治生"的经济效益有机地联系起来。他说:"顺天时,量地利,则用力少而成功多。"这就揭示了经营农业只有因时因地制宜,才能事半功倍的道理。假若不按自然规律办事,就会事倍功半,甚至劳而无获。这些通俗的道理,在农业生产实践中确实是不无指导意义的。

构筑家庭经济学理论框架的最后一部分是治生之策。在这一部分里,贾思勰提出了家庭经济管理的许多具体方法和措施。他反复地强调:"谚曰:'顷不比亩善',谓多恶不如少善也。""凡人家营田,量量己力。宁可少好,不可多恶。"这表明贾思勰反对农业粗放经营,主张农业生产实行精耕细作,以提高单位面积产量。他从可行性研究出发,从开荒、选种、播种、耕耘、收割、储藏及加工整个生产过程的管理,谈到"春锄起地,夏为除草"、"秋耕欲深,春夏欲浅"等锄耕的作用,许多管理措施在农业实践中有切实的指导意义。

贾思勰主张,在家庭经营管理中,要放宽视野,树立农、林、牧、副、渔、手工、贸易全面发展的观点,不能使农业生产结构过分单一。这表明他的"以农治生"是广义的,并没束缚在狭隘的自然经济的樊篱之中。他揭示了经营商品农作物投资少、风险小却收效快、获利多的优点,对以农业生产为基础的有别于商贾单纯买卖的商品农作物的贸易大加赞扬,积极推崇。

在如何合理地利用人力和物力问题上,贾思勰指出:"欲善其事,先利其器;悦以使人,人忘其劳。"他看到了生产工具是生产力发展水平的标志,竭力主张把采用先进的生产工具与调动劳动者的积极性联系起来,以提高劳动生产率。

概览《齐民要术》,按着那跳动其中的治生之学的脉搏,杂乱无章的错觉终将为体系系统的印象所取代。作为中国封建社会论述家庭经营管理问题的第一部著作,作为中国现存的最早、最全面的农业科学史书,《齐民要术》在经济学史和农学史上的地位都是不可低估的。

# 重农思想的产生与沿革

在成语世界里，人们对"本末倒置"的涵义一定会有所了解。"本"指的是树根，比喻事物的根本；"末"指的是树梢，比喻事物的细枝末节。这种对"本"与"末"的理解与中国经济思想史上谈论的本末有相通之处。在古代社会，"本"指农业和与之相结合的家庭手工业，旧称"耕织"或"农桑"；"末"最初是指手工业方面"雕文刻镂"、"锦绣綦（qí）组"等奢侈品的生产；其后将奢侈品的生产和流通并称为"末"，后来更多的是指商业。这种本末指代可谓是重农思想的一个缩影。

俗话说，国以民为本，民以食为天。"食"是从哪里来的呢？毫无疑问，主要靠农业直接或间接地源源不断地来提供。在古代世界，农业是具有决定意义的生产部门，农业的产生，帮助人类告别了"尝百草之食，察甘苦之味"聊以为生的时代，不仅为人类提供了一定的食物保障，而且为定居生活创造了物质条件。农业的兴衰，关系到国家的盛弱，哪一个太平盛世的出现不与农业的丰收紧紧相连呢？社会经济的繁荣、人民生活的提高，都离不开农业。故此，人们对农业产生了一种绵绵不息的依赖，常常怀着一种质朴的情感关注着这一原始的产业部门。这种心态为重农思想的产生提供了天然的土壤。我国传统的重农思想，最早形成于先秦时期，在这一思想支配下，统治者制定和实施了一系列保护和发展农业的政策措施，产生了一些以治国安邦为己任的卓越的思想家，从朝廷到民间都弥漫着浓厚的重农气氛。

在商代，重农是一种神圣之举，商王经常视察督促农事，史书上有其"观籍"、"观黍"、"令黍"之类的记载。另外，当时在对大自然充满神秘和迷信色彩的背景下,商代有许多"求禾"、"求年"、"求雨"、"求晴"的占卜,这些虔诚但无济于事的举动,虽不乏愚昧,但却从中可看出对农业的重视。

西周时期,重农思想日渐滋生,重农之举俯拾皆是。《国语·周语》中记述了虢(guó)文公关于农业的一段论述,他说道:"民之大事在农。上帝之粢盛于是乎出,民之蕃庶于是乎生,事之供给于是乎在,和协辑睦于是乎兴,财用蕃殖于是乎始,敦庞纯固于是乎成。"这一段精辟的阐述,表明了周朝统治者对农业在社会中的地位和作用予以了充分肯定。西周的文献《周礼》中有"以九职任万民"的记载,其中第一项"曰三农"。这就把农业确定为最重要的职业,从而把作为物质资料生产基础的农业提到了前所未有的高度。

春秋战国时期,社会动荡,尽管学派众多,论战激烈,但对农业的认识确有许多共识,重农思想逐渐地成熟。

《管子·治国》中鲜明地指出:"民之所生,衣与食也。"毋庸置疑,衣食的源泉就在于农业。富饶的土地是人类文明的摇篮,农业是人类生存与一切生产最先决的条件。没有农业人类从何处获取食物?缺少农业的恩赐,人类谈何发展与创造?这浅显的道理,也有发人深思之处,它一次次地触动着人们重农的神经,不厌其烦地为重农思想培植了土壤,使之根深蒂固。墨子曾说:"凡五谷者,民之所仰也……食者,国之宝也。"他反复地强调,大丈夫要不辞劳苦地"耕稼树艺",妇人要不遗余力地"纺绩织纴",以解决天下人对衣食的需求,防止造成社会动荡。法家的代表人物李悝也指出,"农事害"是"饥之本","女工伤"是"寒之源",为了避免"饥寒并至",就要在农业上下功夫。从这些阐述中不难看出,古代的思想家们,已透彻地揭示了农业是人类"衣食之源,生存之本"的道理,这恰恰是重农思想深入人心的根本原因。

春秋战国之际,伴随着生产工具的改进,农业生产有了长足的发展,剩余产品不断地积累起来,这种社会背景,为农业是财富本源论提供了佐证。《管子》写道:"桑麻殖于野,五谷宜其地,国之富也;六畜育于家,瓜瓠荤菜百果备具,国之富也。"又说:"民事农则田垦,田垦则粟多,粟多则国富。"笃信国家的真正财富是粮食、桑麻、六畜等。这些财富的获得,无疑要靠发展农业实现。故此断言:"积于不涸之仓者,务五谷也;藏于不竭之府者,养桑麻、育六畜也。"到了战国后期,韩非把重农思想充分地体现出来,把农业推到了一个新的高度,他满怀激情地说:"仓廪所以实者,耕者之本务也";"田荒则府仓虚,府仓虚则国贫"。这就充分地透露出了农业是财富之源的思想。

在狼烟四起、战火横烧的岁月,农业的兴衰与战争的胜败紧密相关。没有强大的军队、丰富的粮草,战争就失去了物质基础。而军队士兵的源泉主要在于安土重迁的农民。在这样的社会背景下,农业格外地得到了统治阶级的青睐。重视农业和战争并把两者结合起来进行考察的,最先是商鞅。商鞅面对封建兼并战争频繁的现实,提出:"国之所以兴者,农战也。"认为农业的发展,是进行战争的基础。如不重视农业,与诸侯争衡,则不能自保。只有农民才能提供全体人口所需要的粮食,才能提供战争所需要的兵源。"治国之要",是"令民归心于农"。商鞅在建立了新的封建土地所有制的基础上,采取了一系列政治的和经济的措施来鼓励农战。如鼓励开荒,把土地都利用起来,以增加社会财富;对努力耕织而增产粟帛的人,可免除其徭役;有余粮上交的,可以得到官爵,以增加国家的粮食储备;提高粮食价格,鼓励人们从事农业生产的积极性等等。商鞅以重农来发展国家的经济实力的办法,为秦国之富强奠定了基础。

在漫长的封建社会里,重农已成为一种作用时间很长的民族心理。不同时代的经济思想家,尽管在许多观点上"各持一端,崇其所善",但对重农的认识有许多相通之处。

西汉时期的贾谊提出："民不足而可治者，自古及今，未之尝闻。"认为封建统治的稳固和中央政权的加强，都与农业生产的发展直接相关。只有大力发展农业，生产出更多的社会财富，才能为封建统治建立雄厚的物质基础，富国强兵；才能巩固封建经济基础，达到治国安天下的目的。西汉时期的晁错曾指出："夫腹饥不得食，肤寒不得衣，虽慈母不能保其子，君安能以有其民哉。"他认为农业是治国之本，直接关系到封建国家政权的稳固。只有大力发展农业，才能生产更多的物质产品，使饥者得食，寒者得衣，巩固封建生产关系，才能"备水旱"和应付其他一切突然事故。

西汉时期杰出的理财家桑弘羊提出了"本末并利"的思想，主张采取农业、手工业同时发展的方针。他发展了先秦以来以农为本的观点，有利于社会生产力的发展。

17世纪的著名学者顾炎武，提出了一些有价值的经济思想。在财富观上，他认为"天下之大富有二，上曰耕，次曰牧，国亦然"，因而他把发展农业放在首要地位，说："事有策之甚迂，为之甚难，而卒可以并天下之国，臣天下之人者莫耕若！"因而他积极倡导屯垦开荒，这样，"地辟耕广则谷贱，谷贱则人聚，人聚则兵强"，从而就可收到国家富强、人民富裕之效。

明末清初的著名思想家王夫之在经济思想方面，也持有强烈的重农贵粟思想。他说："民之生也，莫重于粟，故劝相其民以务本而遂其生者，莫重于农。"又说："粟生金死，而后民兴于仁，菽粟如水火，何如金钱之如瓦砾哉！"

纵观历史，不难看出重农思想经历了缓慢的发展过程。农业作为社会中一个重要的物质生产部门，在任何社会形态下都堪称是国民经济的基础,"手中有粮,心里不慌"这是一个浅显但应铭记的道理。我们分析重农思想,应把握好"重"的含义,从发展的观点和客观实际出发,应该认识到,重是相对于整个社会范围的明显的职业取向和部门选择序列而言的,不应该把它一味地理解为绝对意义上的舍此无他的高度依赖性和由此而产生的一种必然的社会心态。从这一观点出发,我们就不难看出其积极的借鉴意义了。

# 天下殷富与明君经济政策

在中国历史上提到"文景之治"，人们自然要想到汉文帝刘恒。据史书记载，汉文帝是封建社会中一位比较能体贴民间疾苦的皇帝，他在政治舞台上的抱负与千秋功罪且不去评说，本篇只想就他在即位后所采取的经济政策谈一得之见。

西汉政权建立时，承接的是百孔千疮、民不聊生的社会乱摊子，经济残破，百废待兴。虽经开国皇帝高祖的治理，社会经济仍未有根本起色。汉文帝即位时，"汉之为汉几四十年矣，公私之积犹可哀痛"，"岁恶不入"，则"卖田宅鬻(yù)子孙以偿债"。然而，汉文帝即位后，审时度势，体察民情，在位二十多年，使社会经济得到了迅速的恢复与发展，田野开辟，人口增加，景象繁荣。据《汉书·食货志》记载：当时"京师之钱累百巨万，贯朽而不可校。太仓之粟陈陈相因，充溢露积于外，腐败不可食"。《史记·律书》也描述道："百姓无内外之徭，得息肩于田亩，天下殷富，粟至十余钱，鸡鸣狗吠，烟火万里。"这种社会稳定、欣欣向荣的景象缘何可以出现呢？这恐怕要依靠"与民休息"的政策，得益于一系列行之有效的经济管理办法。

汉文帝对历代奉行的重农政策予以充分的肯定，视之为发展社会经济的不可动摇的国策，在本末思想的支配下，对农业用足了政策。他数下诏书，劝民归农。他即位不久曾下诏曰："农，天下之大本也，民所恃以生也，而民或不务本而事末，故生不遂。朕忧其然。"十二年又下诏曰："道民之路，在于务农。"第二年再次下诏曰："农，天下之本，务莫大焉。"汉文帝重农惜民，崇尚躬行。他在《议佐百姓诏》中诚挚地表达了一位封建帝王对百姓疾苦的关心，其大意是："最近几年农业屡屡歉收，又有水旱疾病瘟疫等灾害,对此我非常忧虑。我愚钝而不明智,不明白它的祸根所在。我思考着,是我的政令失误、行为有过错呢?还是天道不顺,地利没有发掘,人事不和呢?为什么百姓吃用这样贫乏?丈量田地没有减少,按照人口分配土地比古代还多,可是吃的粮食非常不足,造成这种状况的过失到底在哪里?莫不是百姓从事工商、伤害农业的事多,酿酒耗费了大量谷物,六畜吃掉的也很多吧?这大大小小种种说法,我得不到它真正的原因,将与丞相、列侯、二千石的官吏和博士们讨论这件事,有可用来帮助百姓的办法,请大家敞开思想,深谋远虑,不要有所保留。"这些反复的设问,将一位帝王的爱民忧农之心充分地昭示出来,这确实是难能可贵的。由于汉文帝把恢复农业、生产粮食看成是治理国家的一项头等大事,因而不乏务实之举。每年春耕之际,都要举行"朕亲耕,后亲桑"、"为天下先"的籍田仪式,用以"导民"、"劝农",形成社会舆论和导向,发人深省。除此之外,还运用行政力量来规定有利于农业发展的措施。如令地方官吏劝民归农,"郡国务劝农桑",对劝农无成效的官员要予以处罚;根据一定户口数量比例推举努力生产的人任"力田"官,具体来指导、管理农业生产;给经济拮据、缺乏口粮的农民"贷种、食",对其中确有困难而不能按期偿还者,"皆赦之",自然灾害袭来时要"发仓庾以赈民"。这在一定程度上调动了农民的生产积极性。汉文帝注重了解下情,对晁错的《论贵粟疏》思想广泛地接受,采纳了"欲民务农,在于贵粟,贵粟之道,在于使民以粟为赏罚"等建议,使"劝农力本"的主张得到了百姓的积极响应,进而在全社会创造了一个便于农业发展的环境,这对经济恢复、社会安定及地主阶级政权的巩固起了不可忽视的作用。

随着重农政策的深入人心,客观上要求针对农业的自身问题制定相应的具体措施,以创造良好的外部条件,把重农政策扎扎实实地落实下去。为此,汉文帝实行了一系列相互促进、制约与补偿的措施。

为了减轻对农民的剥削,汉文帝实行减轻赋税徭役的政策,给百姓休养生息以起码的条件,认为横征暴敛超过了一定限度必然危及政治统治。秦因"赋敛无节，徭役无度"而亡的教训为之敲醒了警钟；老子的"民之饥者，以其上食税之多也，是以饥"的思想为之明智地接受。在算赋方面，刘邦时规定"民年十五以上至五十六出赋钱，人百二十钱为一算"，到文帝时减为"民赋四十"。刘邦入关后，"约法省禁，轻田租，什五而税二"，到汉文帝时进一步减省田租。在实行两年"赐天下民田租之半"后，又于十三年诏"除田之租税"。减免田租的政策告天下百姓后，极大地刺激了农民生产的积极性。汉文帝还制定了一些减轻徭役的措施。他曾"减外徭"，"丁男三年而一事"，与此同时，还有一些特殊的政策，如"九十者一子不事，八十者二算不事"，为了减轻戍边之役给内地人民带来的压力，汉文帝还有效地改革了戍边的方法，深受百姓拥护。

中国有句古语"历览前贤国与家，成由勤俭败由奢"，类似的良训在汉文帝时期常令人引以为戒。贾谊曾感慨道："生之有时，而用之亡度，则物力必屈"，"民不足而可治者，自古及今，未之尝闻"。一批有远见卓识人物的劝谏，对于当朝的汉文帝产生一定的影响，因而制定了一些节制统治集团消费的政策。他一度改革宫廷制度，罢免朝议，认为"繁礼饰貌，无益于礼，躬化为可耳，故罢之"。他对臣下的要求中也常常提到"欲为省，不烦民"，只有做到这样才能减轻百姓的负担。他考虑到诸侯住在京城长安，运输物资劳民伤财，于是便命令他们都由长安回到各自的封地，这样一来就减少了一些不必要的国家开支，在一定程度上抑制了奢靡之风，为减免赋役政策的落实创造了条件，对经济的恢复与发展大有裨益。

汉文帝把赐民爵级政策与经济复兴有机地联系起来，既顺乎了民意，又维护了封建地主阶级的利益。文帝时个体农民的社会地位还很不稳定，每遇人祸天灾，就难以逃脱由国家的编户沦为私家奴婢的厄运，这样一来会减少统治阶级对劳动力户口的占有。为了扭转这种局面所带来的消极影响，保证让成千上万的自耕民自觉地去贯彻各项经济政策，文帝三年果断地出台了赐民爵级政策，为了招诱农民到边塞戍边也采取了赐高爵的办法。为了劝民务农,政府规定入粟可以受爵。赐爵政策并非是单向行为,不仅可受赐,爵级也可以出卖。尽管这种政策不过是规范封建经济结构的一种手段,尽管它要服从于地主阶级整体利益的要求并为之左右,但是它在保证经济政策实施、进而促进生产力发展方面确实发挥出了积极的作用。

汉文帝作为封建社会的一位明君,他所采取的休养生息、发展经济的诸多政策,一度带来了万民殷富、安居乐业的景象。这种相对繁荣虽是历史的一瞬,这适时而确立的经济政策,虽免不了有一定的历史局限性,但若不苛求古人,客观地讲,其留给后世的启示仍然是深刻而宝贵的。

# 薄税敛思想的形成与利益取向

**读**过《捕蛇者说》的人，对古代苛政一定都有深刻的理解。中国历史上的一些财政政策，曾酿成了不可胜数的悲剧，那些凄楚的事实与传说令人不寒而栗。尽管如此，不同的社会历史环境下，还是产生了大同小异的薄税敛思想。

薄税敛或作"薄敛"、"薄赋敛"，是从春秋时期相传下来的。最初，在公元前636至公元前628年，晋文公在晋国图兴霸业时，提出了"薄敛"的施政措施；到晋悼公恢复晋国霸业时，也把"薄税敛"当作一项重要的施政措施。后来，齐国丞相晏婴也主张"薄敛"。孔子也主张"敛从其薄"，反对财政征课上的过分搜刮。《颜渊》中有这样的记载："哀公问于有若曰：'年饥用不足，如之何？'有若对曰：'盍彻乎？'""彻"是十分抽一的税（不包括劳役和军赋在内）。有若是孔子的学生，这段话可以说是"敛从其薄"的一个注释。什一税的主张，后来成为中国历代反对重税者的一个口号。有若又说："百姓足，君敦与不足？百姓不足，君敦与足？"这也是孔子的思想。这表明他们认识到，国家的租税收入总是来自人民。这在财政思想上不失为一种卓见。到战国时期，儒家的两个最大分支的代表人物孟轲和荀况，也都主张"薄税敛"，并且把其看成他们主张"仁政"所不可分割的内容。

先秦儒家的各个代表人物就其主张"薄税敛"的动机而言，无外乎是想缓和社会矛盾，服务于统治阶级的长远利益。他们担心重税、厚敛会引起纳税者的抗议而不安定，也害怕赋税过重会影响纳税者的未来纳税能力。尽管如此，他们在初衷或出发点上也是有所差异的。荀况较明确地从生产角度来论述"薄税敛"的问题，认为轻税可以裕民，而"裕民则民富，民富则田肥以易，田肥以易则出实百倍"。孔丘、孟轲的薄税敛主张，则带有着反对当时新兴地主阶级代表人物的赋税改革的目的。孔丘的"敛从其薄"，就是用以攻击鲁国季氏的赋税改革；孟轲鼓吹"薄税敛"，则是针对战国新兴地主阶级代表人物的富国政策的。他一再攻击这种富国政策是"君不行仁政而富之"。

以墨翟为代表的墨家学派，从小生产者的角度来论述薄税敛的问题，指责统治阶级"厚作敛于百姓，暴夺民衣食之财"。先秦法家则主张对不同征税对象实行不同的税率，即对地主和小地主所有制实行较轻的税率，而对商人、没落贵族和其他寄生分子实行重税。之所以这样，目的在于扶植封建经济的发展，促进耕地的开垦和农业生产的增长。

自先秦以后，薄税敛思想就其基本观点来说，大体上是沿袭儒家的传统，没再提出什么值得重视的新内容。例如，唐朝李翱专写了《平赋书》，指出："人皆知重敛之为可以得财，而不知轻敛之得财愈多也。"理由是：轻敛可使"土地无荒，桑柘日繁"，"地有余利，人日益富"，这种理论基本上是荀况已经提出过的。

先秦以后的薄税敛思想，主要是反映中小地主减轻自身负担的要求，因此，对"薄税敛"的实施范围，也大多限于田税，而少有像先秦儒家那种"轻关市之税"即减轻工商税的主张。

薄税敛思想，不同阶级的代言人赋予了它不同的内涵，这种差异表明了特定的利益取向，微不足道也好，大相径庭也好，历史地、全面地看，这些理论都有一定的合理的内核。我们应在分析这种思想的演变过程中，去了解历史，去认识社会。

# "黜奢崇俭"论的历史透视

奢俭向来是中国人喜欢谈论的话题,从先秦到近代的两千多年中,这一用语一直被用于表达多种多样的经济观点,故而成为中国经济思想史上常见的范畴之一,且赋予了道德方面的褒贬意义。

奢俭是针对人们的消费水平的高低而言的。高于某一特定标准的消费状况称为奢,而低于这一标准的消费状况称为俭。先秦的诸家在区别奢、俭时,常常把"礼"作为一种标准。春秋时代社会经济变动剧烈,旧的上层建筑——礼,已走向穷途末路,日趋瓦解。新兴地主阶级在社会舞台上地位越来越高,势力越来越大,他们对礼所规定的等级消费标准越来越厌恶,因而违反或破坏礼规的行为屡见不鲜。旧的统治阶级对此极为不满,视之为破坏他们特权之举,认为长此以往将危及他们本已不很牢固的统治地位,于是就煞费苦心地用奢、俭这一用语,对新兴地主阶级在消费方面的越礼行为进行抨击。

春秋中期,旧统治阶级的代表人物就开始提出了奢、俭这一范畴,牢固地把礼作为判断奢、俭的标准,超过规定标准的消费称为奢侈,并断言:"侈,恶之大也。"此说成立的理由在哪里呢?这一点儒家的创始人孔丘在春秋末期有一番精彩的解释,他指出:"礼,与其奢也,宁俭。"又说:"奢则不孙,俭则固。"孔夫子的意思是说,俭虽然有点显得固陋、小气,但奢却是不尊重旧统治阶级的身份和权力的"僭(jiàn)越"、"犯上"行为。这种把奢看做恶而加以鞭笞,把俭看做善而加以提倡的思想,在中国经济思想史上叫做"黜奢崇俭"论。

黜奢崇俭的理论出笼之后,还是较有市场的。先秦的墨家和道家,既为其传播鸣锣开道过,也曾对其修补过。墨家从小生产者利益出发,对旧统治阶级的奢侈生活进行了十分尖锐的批判,反对把礼作为区别奢俭的标准,认为礼所规定的统治阶级生活标准,本身就是与俭相悖的,是过奢。墨家认为国家的富强和劳动人民的安居乐业,除了取决于生产的发展外,还与"去其无用之费",节用社会财富有很大关系。任何奢侈挥霍,不仅会使财用不足,更为严重的还会"厚作敛于百姓",加重劳动者的负担。因此,以墨翟为首的墨家,在强烈指责当时王公贵族在衣、食、住、行、用、葬等方面穷奢极欲的同时,还强调指出"俭节则昌,淫逸则亡"。

道家用没落阶级的眼光看问题,把人类经济、文化方面的一切进步都视为"奢",是使人类堕落的坏事,因此主张毁弃一切人类进步的成果,主张"绝巧弃利"、"小国寡民"。道家所向往的"甘其食,美其服,安其居,乐其俗。邻国相望,鸡犬之声相闻,民至老死不相往来"的理想社会蓝图,包含着对当时统治者残酷剥削人民和骄奢生活的谴责。

在秦汉以后的两千年中,"黜奢崇俭"论已成了一个在奢俭问题上占支配地位的观点,成了封建经济思想的主要传统教条之一。封建主义的"黜奢崇俭"论继承了先秦儒家的传统,具有明显的等级色彩和保守色彩。主张处在不同封建等级中的人,应有不同的消费标准,超过标准的消费就叫做奢。持这种观点的人,不从生产发展的角度看待消费问题,提倡俭并不是为了增加积累,扩大生产,甚至把新技术的应用和新生产部类的出现作为"奢",这种观点必然导致封建主义生产方式发展缓慢。

奢俭论具有鲜明的阶级色彩,代表大地主阶级利益的经济思想都宣扬"黜奢崇俭",这一来可以美化封建统治者,二来可以向劳动人民进行说教,要人民安于贫困的生活,即所谓"以俭教民"。当然,代表中、小地主利益的经济思想,也主张"黜奢崇俭"。这其中虽不乏封建"黜奢崇俭"论的等级色彩和保守色彩,但却尖锐地揭露和批判了大地主、大官僚挥金如土、骄奢淫逸的生活。这就与孔丘专门用"黜奢崇俭"来反对下级"僭越"、"犯上"的传统有所不同。

"黜奢崇俭"论与其他历史上的主张和经济观点一样,不可能为众家所普遍接受,虽不能视之为异端邪说,却也不乏相反的观点。《管子·侈靡》篇就宣扬过"莫善于侈靡"的观点,认为在消费方面越奢侈,越可以消散和削减富人的积财,并使贫民得到职业和生活门路。

在中国经济思想发展史上起着承先启后作用的人物魏源,把中国封建社会中反映资本主义发展要求的思想提到了最高限度,他对传统的"黜奢崇俭"论提出了修改意见。魏源认为黜奢崇俭"可以励上,不可以律下;可以训贫,不可以规富"。意思是说,只应要求封建统治者和贫民两方黜奢崇俭,而不宜要求"富民"(指商人和一般地主)这样做。他认为只有富民的奢,能够增加对消费品的需求,因而有促进"通工易事",即促进分工和交换的作用。魏源的思想,反映了有资本主义倾向的"富民"已经开始意识到自身的特殊利益,并且开始把自己同封建社会中的统治者与农民区别开来。传统的奢俭论,是单纯地把消费看做对生产起消极、制约作用的因素而主张黜奢崇俭,魏源则公正地为消费正了名,承认了它在一定情况下对生产所产生的积极作用。这种观点相对于传统理论毫无疑问是一种更新和发展。

当中国已经陷入半殖民地半封建社会之后,社会经济结构发生了变化,关于奢俭的争论,成了赞成还是反对发展资本主义工商业问题的争论的一部分。地主阶级宣扬黜奢崇俭,注意力不是放在消费方面,而是在生产方面,迂腐到竟把新式工业技术和工业产品,都说成是"奇技淫巧"、"奢靡无用"的地步。以"黜奢崇俭"为幌子,根本用心在于阻止学习西方的科学技术,扼制发展新式工商业。这种抱残守缺、心怀叵测的主张,受到了反映资产阶级要求的经济思想的犀利批判。19世纪末,谭嗣同、梁启超揭露了"黜奢崇俭"论的实质,阐明这种理论旨在反对富人投资于新式工商业,以便继续保持落后的封建剥削方式。谭嗣同还提出了"尚奢"的命题,认为"奢"不外乎指增加一些消费,有利于扩大市场,因而也为农、工、商各业资本家获得更多的利润提供了外在条件。

奢俭论,不同的时期、不同的思想家,会赋予其不同的内涵。而在近代资产阶级奢俭论中,最有代表性的要算严复的观点。他从消费与积累的关系来论证奢俭问题,客观地阐明俭是美德,应该"崇俭",但反对把任何增加消费的行为一概地指责为"奢"。他提出要把是否有利于资本积累作为俭和奢的标准。只要消费的增加不妨碍资本的积累而且有促进资本积累的作用,适当增加一些消费就不能叫做"奢",对此评头品足,良莠不分,无益于社会经济的增长与进步。倘若以"崇俭"为借口反对投资建立新式工商业,那就无异是"财之蟊(máo)贼"。这种入情入理的分析,有助于人们从奢俭的误区中走出来。

"黜奢崇俭"论从它诞生的那天起,就引起了历代思想家们的探讨。代表不同利益和不同经济思想的流派和人物,见仁见智,持之有故,这其中交织着利益的磨擦、观念的冲突,我们应从这些相近或相悖的经济观点中,去透视历史发展的脉络。

# 农业百科全书——《农政全书》

明代的商品经济有了很大的发展，在某些方面出现了资本主义的萌芽，然而因为社会政治原因，明朝晚期的科学技术的发展处于停滞阶段，许多领域都落后于西方国家。面对着这样一个局面，徐光启虚心向意大利传教士利玛窦学习了西方的天文、历法、数学、测量、水利等科学知识。徐光启是把欧洲自然科学引入到我国的第一个人，几何学就是他最早翻译过来的，他同利玛窦翻译欧洲最著名的一部数学著作——欧几里得著的《几何原本》，花了一年时间，译完了《几何原本》的前六卷。徐光启对西方自然科学的介绍，开阔了人们的眼界，开辟了我国近代科学技术发展的新途径，因此有人称徐光启是我国近代科学的启蒙大师。但徐光启一生用力最勤、收集最广、影响最深远的还要数农业与水利方面的研究。

徐光启认为，水利为农之本，无水则无田。当时的情况是，一方面西北方有着广阔的荒地弃而不耕；另一方面京师和军队需要的大量粮食要从长江下游启运，耗费惊人。为了解决这一矛盾，他提出在北方实行屯垦，而屯垦需要水利。他在天津所做的垦殖试验，就是为了探索扭转南粮北调的可行性问题，借以巩固国防，安定人民生活。这正是《农政全书》中专门讨论开垦和水利问题的出发点，从某种意义上来说，这也就是徐光启写作《农政全书》的宗旨。

但是徐光启并没有因为注重农政而忽视技术，相反他还根据多年从事农事试验的经验，极大地丰富了古农书中的农业技术内容。例如：对棉花栽培技术的总结，古农书中有关的记载最早见于唐代韩鄂的《四时纂要》，以后便是元代的《农桑辑要》和王祯《农书》，但记载都很简略，仅有寥寥数百字而已。明代王象晋《群芳谱》中的"棉谱"，约有 2000 多字，比之略晚的《农政全书》却长达 6000 多字，可谓后来居上。该书系统地介绍了长江三角洲地区棉花栽培经验，内容涉及棉花的种植制度、土壤耕作和丰产措施，其中最精彩的就是徐光启总结的"精拣核，早下种，深根，短干，稀科，肥壅"的丰产十四字诀。从农政思想出发，徐光启非常热衷于新作物的试验与推广，"每闻他方之产可以利济人者，往往欲得而艺之"。例如当徐光启听到闽越一带有甘薯的消息后，便从莆田引来薯种试种，并取得成功。随后他便根据自己的经验，写下了详细的生产指导书《甘薯疏》，用以推广甘薯种植，用来备荒。后来又经过整理，收入《农政全书》。甘薯如此，对于其他一切新引入、新驯化栽培的作物，无论是粮、油、纤维，都详尽地搜集了栽种、加工技术知识，有的详细程度不下棉花和甘薯。这就使得《农政全书》成了一部名副其实的农业百科全书。

通观全书不难发现《农政全书》是在对前人的农书和有关农业的文献进行系统摘编译述的基础上，加上自己的研究成果和心得体会撰写而成的。徐光启十分重视对农业文献的研究，"大而经纶康济之书，小而农桑琐屑之务，目不停览，手不停笔"。据统计，全书征引的文献就有 225 种之多，可谓是"杂采众家"。但《农政全书》体现的却是科学求实的态度和严谨治学的精神。

因为徐光启摘编前人的文献时，并不是盲目追随古人，卖弄博雅，而是区分糟粕与精华，有批判地存录。对于一些迷信之说，往往阙而不录，对于已收录的文献，也多采用"玄扈先生曰"（即今日之编者按）形式，或指出错误，或纠正缺点，或补充其不足，或指明古今之不同，不可照搬。但这还不是玄扈先生的目的，真正的目的在于"著古制以明今用"。

例如在编写《除蝗疏》一节时，徐光启查阅了大量文献资料，统计了我国历史上自春秋以来历次蝗灾发生的时间和地点,同时他又以游历宁夏、陕西、浙江等地的时候所见蝗虫灾害的情形作为印证,指出蝗虫多发生在湖水涨落幅度很大的干涸沼泽,蝗灾时间多集中在每年五、六、七三个月。徐光启还研究了蝗虫的生活史,最后总结出治蝗的经验,提出从消灭虫卵入手的治本办法。这些合乎科学道理的观点和结论,否定了历代统治阶级把蝗灾说成是上天降罪的迷信说法。再如书中记载的用于荒年果腹应急的植物中,经徐光启亲口尝过的就有 60 多种。又如在《玄扈先生井田考》中,徐光启批驳了"古民多,后世之民少"的错误观点,指出"生人之率,大抵三十年而加一倍。自非有大兵革,则不得减"。正是因为有了这种注重实践的科学态度,《农政全书》才得以成为一部符合科学理论和实际的杰出著作。

徐光启就是在大量摘引前人文献的同时,结合自己的实践经验和数理知识,提出独到的见解,这些也多以"玄扈先生曰"的形式出现。例如,在书中徐光启用大量的事实对"唯风土论"进行了尖锐的批判,提出了有风土论,不唯风土论,重在发挥人的主观能动性的正确观点。这对引进新作物,推广新品种,产生了重大的影响,起了很大的推动作用。据统计,徐光启在书中对近 80 种作物写有"玄扈先生曰"的注文或专文,提出自己独到的见解与经验,这在古农书中是空前绝后的。

徐光启之所以能够在杂采众家的基础上兼出独见,是与他的勤于咨访、不耻下问的好学精神和破除陈见、亲自试验的科学态度分不开的。徐光启一生以俭朴著称,"于物无所好,唯好经济,考古证今,广咨博讯。遇一人辄问,至一地辄问,闻则随闻随笔。一事一物,必讲究精研,不穷其极不已"。因此,人们在阅读《农政全书》的时候,所了解到的不仅仅是有关古代农业的百科知识,而且还能够了解到一个古代科学家严谨而求实的大家风范。

《农政全书》基本上囊括了古代农业生产和人民生活的各个方面,而其中又贯穿着一个基本思想,即徐光启的治国治民的"农政"思想。贯彻这一思想正是《农政全书》不同于其他大型农书的特色之所在。其他的大型农书,无论是北魏贾思勰的《齐民要术》,还是元代王祯的《农书》,虽然是以农本观念为中心思想,但重点在生产技术和知识,可以说是纯技术性的农书。

　　《农政全书》按内容大致上可分为农政措施和农业技术两部分。前者是全书的纲,后者是实现纲领的技术措施。所以在书中人们可以看到开垦、水利、荒政等一些不同寻常的内容,并且占了将近一半的篇幅,这是在其他的大型农书中所鲜见的。以"荒政"为类,其他大型农书,如汉《氾胜之书》、北魏《齐民要术》,虽然也偶尔谈及一二种备荒作物,甚至在元王祯《农书》"百谷谱"之末开始出现"备荒论",但是却不足 2000 字,比不上《农政全书》。《农政全书》中,"荒政"作为一目,有 18 卷之多,为全书 12 目之冠。目中对历代备荒的议论、政策作了综述,水旱虫灾作了统计,救灾措施及其利弊作了分析,最后附草木野菜可用以充饥的植物 414 种。

　　万历三十五年(1607 年)至三十八年(1610 年),徐光启在为他父亲居丧的 3 年期间,就在他家乡开辟双园、农庄别墅,进行农业试验,总结出许多农作物种植、引种、耕作的经验,写了《甘薯疏》、《芜菁疏》、《吉贝疏》、《种棉花法》和《代园种竹图说》等农业著作。万历四十一年(1613 年)秋至四十六年(1618 年)闰四月,徐光启又来到天津垦殖,进行第二次农业试验。天启元年(1621 年)又两次到天津,进行更大规模的农业试验,写出了《北耕录》、《宜垦令》和《农遗杂疏》等著作。这两段比较集中的时间里从事的农事试验与写作,为他日后编撰大型农书奠定了坚实的基础。

　　天启二年(1622 年),徐光启告病返乡。此时他不顾年事已高,继续试种农作物,同时开始搜集、整理资料,撰写农书,以实现他毕生的心愿。崇祯元年(1628 年),徐光启官复原职,此时农书写作已初具规模,但由于上任后忙于负责修订历书,农书的最后定稿工作无暇顾及,直到死于任上。以后这部农书便由他的门人陈子龙等人负责修订,于崇祯十二年(1639 年),亦即徐光启死后的第六年,刻板付印,并定名为《农政全书》。整理之后的《农政全书》,"大约删者十之三,增者十之二",全书分为 12 目,共 60 卷,50 余万字。12 目中包括:农本 3 卷;田制 2 卷;农事 6 卷;水利 9 卷;农器 4 卷;树艺 6 卷;蚕桑 4 卷;蚕桑广类 2 卷;种植 4 卷;牧养 1 卷;制造 1 卷;荒政 18 卷。

《农政全书》反映了徐光启的重农思想,作者推崇的重农思想不仅在于促进农业发展,而且更具备了维持社会稳定的积极意义。古代统治者治理国家无不遵循以农为本的思想。农业即本业,徐光启认为"富国必以本业",这也是他编著此书的根本的指导思想。他的这种理论集中体现在"农本"中,农本因此也被列为全书之首。

在"农本"中,徐光启以农业对于整个国家及社会的重要意义为出发点,大量引用了诸子百家的言论,从理论上阐述他的重农理论。书中提到:发展农业不仅在于开发土地的潜力,而且在于其重要的社会意义,人务农就会重义,重义就会不徇私情,不徇私情也就能立法,并使法令无所不在,无所不能。人务农就会使产业增多,产业增多了就会疏财济贫,疏财济贫就会死后没有忧虑,普天之下就会团结一致。人在饥寒交迫时不再有廉耻之心。一天不吃饭就会饿;一年不制衣就会冷。如果肚子饿而没有饭吃,躯体冷而没有衣穿,那么就是慈母也不能保住她的儿子,明君又怎么能保有臣民呢? 作者还引用了管子的话:人民没有食物必然会去务农,人民从事农业生产了,那么土地便得到了开垦,土地被开垦了粮食自然多了起来,粮食多了国家便会变得富庶。

此外，徐光启还列举了历朝历代治国有方的君王及臣子们所推行的农业政策。例如作者转录了《商子》中的言论："如果在一个地方多产黄金，那么在总体上黄金和小米的数量都会减少，仓库和钱府都会空虚，国家就贫困。如果在一个地方多产小米，那么在总体上黄金和小米的数量都会增加，仓库和钱府都能装满，国家就会富强。"书中尤其强调了明朝各代皇帝的重农事迹，从而进一步以事实有力地论证了重视农业的重要性，其目的在于呼吁统治阶级重视农业生产及农业生产者。《农政全书》对后世的社会政策也具有很大的影响力。

　　《农政全书》为后世保留了大量宝贵的文献资料，对人们研究古代农业技术作出了重要的贡献。例如该书收录了丰富的农谚古语，尤其是在分析天气情况方面，作者列举了农谚"清明断雪，谷雨断霜"和古语"一年之计在于春，一日之计在于寅"，强调春季对于农事最为关键的道理；再如书中提到：立夏这天，看日晕，有晕雨水就多。随后便引用了谚语："一番晕，添一番湖塘。"又如书中认为夏初水里长出青苔，必然会有暴雨，紧接着就引用了谚语："水底起青苔，卒逢大水来。"此外还有许多农谚，例如"夏末秋初一场雨，赛过唐朝一囤珠"、"云行东，雨无踪，车马通。云行西，马溅泥，水没犁。云行南，雨潺潺，水涨潭。云行北，雨便足，好晒谷"等。这些都是古代劳动人民在长期生产实践中总结出的宝贵经验。《农政全书》采用这种简单明了的语言方式，极大地方便了农民的生产，同时也成为留给后世珍贵的科学遗产。

　　《农政全书》这部著作囊括了古今中外丰富的科学知识，体现出了著者徐光启作为一位杰出的农业研究者虚心求学、兼收并蓄、继往开来的博大胸襟。《农政全书》不但选辑了我国历代的和当时的农业文献，而且对这些文献作了选择、整理、批判和补充。同时记载了当时各地老农的生产经验和技术，并在此基础上发表了徐光启关于农业方面的专门论述。

　　《农政全书》问世以后，受到了清朝统治者的重视，曾多次被刻印，而且被乾隆皇帝称赞为"用意勤而民事切"。到了现代，又有人评价《农政全书》是我国传统农书中空前绝后的一部著作。著名的农史学家石声汉也赞同了这一论断。可见，《农政全书》所产生的巨大影响力和成就是有目共睹、世人公认的。